C. Hensel

Betriebswirtschaftslehre kompakt

Managementprozesse

Liebe Leserin, lieber Leser,

vielen Dank für den Kauf dieses Buches. Es soll Ihnen bei Ihrer Aus- oder Weiterbildung ein hilfreicher Begleiter sein. Dabei spielt es keine Rolle, ob Sie Fach- oder Betriebswirt, Meister oder Techniker werden wollen oder eine betriebswirtschaftliche Berufsausbildung absolvieren.

Dieses Buch ist nicht nur eine Formelsammlung, sondern auch ein praktisches Nachschlagewerk. Sie finden in ihm Erklärungen von Fachbegriffen und Sachverhalten, aber auch spezielle Formeln und anschauliche Beispielrechnungen. Darüber hinaus enthält es viele grafische Kurzdarstellungen, die den Text ergänzen und als Merkhilfe dienen. Sollten Sie einen bestimmten Begriff suchen, so werden Sie über das ausführliche Stichwortverzeichnis schnell fündig.

Ich wünsche Ihnen nun viel Erfolg beim Lernen und bei Ihrem Vorhaben!

C. Hensel

HINWEISE ZUR BENUTZUNG DIESES BUCHES
- ✔ Zur besseren Lesbarkeit wurde nur die männliche Form gewählt. Natürlich sind damit immer Frauen und Männer gemeint.
- ✔ Im Kapitel 1 Personalmanagement wurde zur Veranschaulichung der Beispiele der Beruf »Maschinen- und Anlagenführer/in« ausgewählt. Die dort behandelten Themen gelten auch bei allen anderen Berufen.
- ✔ Die Einheit in den eckigen Klammern hinter dem Formelname ist die Einheit des Ergebnisses. So bedeutet z. B. Stückakkord [€], dass der Stückakkord in Euro angegeben wird. Steht keine Einheit dabei, handelt es sich um eine einfache Zahl, wie bzw. ein Faktor oder ein einfaches Verhältnis.

Managementprozesse

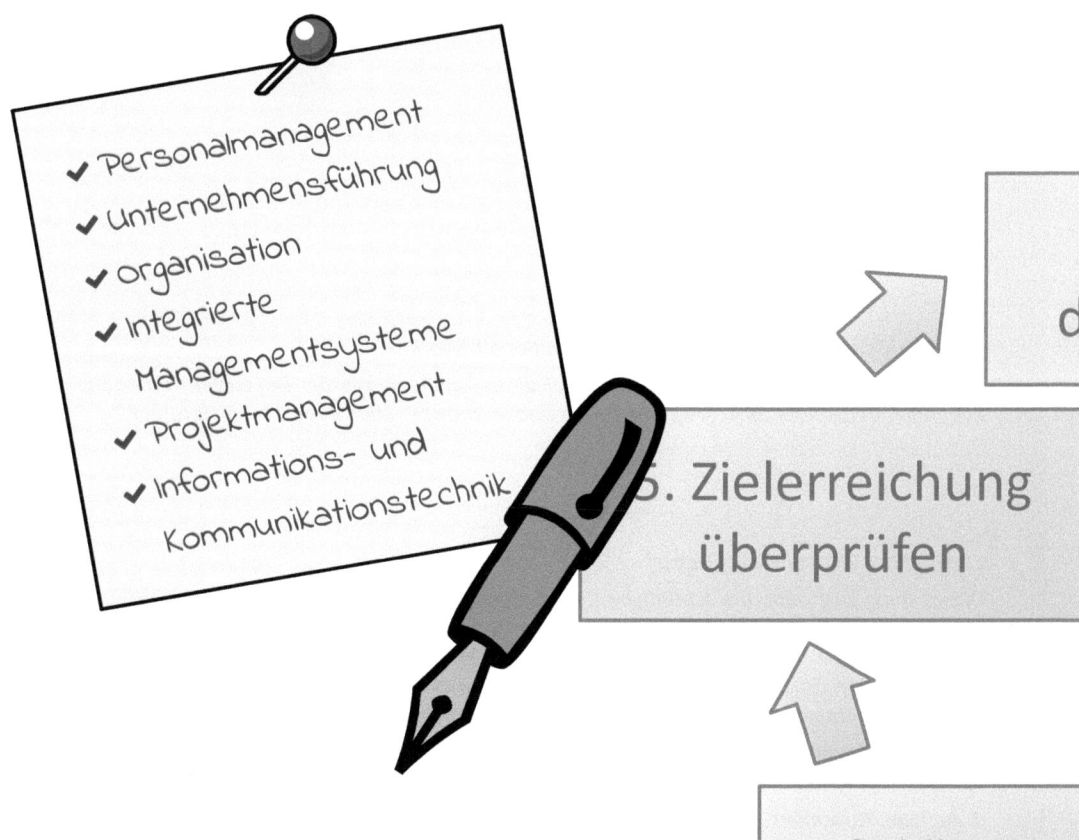

- Personalmanagement
- Unternehmensführung
- Organisation
- Integrierte Managementsysteme
- Projektmanagement
- Informations- und Kommunikationstechnik

1. Z
defin

5. Zielerreichung überprüfen

4. Lösung durchführen

C. Hensel

Danksagung:

Der besondere Dank gilt Tanja Mühlhäuser,
die bei der Erstellung dieses Buches mitgewirkt hat.

Bibliografische Information der Deutschen Nationalbibliothek

Die Deutsche Nationalbibliothek verzeichnet diese Publikation in der Deutschen Nationalbibliografie; detaillierte bibliografische Daten sind im Internet über www.dnb.de abrufbar.

1. Auflage: November 2018

ISBN: 9783752869569

Betriebswirtschaftslehre kompakt - Band 3

Herstellung und Verlag: BoD – Books on Demand, Norderstedt

*I*NHALTSVERZEICHNIS

In dieser Buchreihe sind weiter erhältlich:

wirtschaftliches Handeln
ISBN 9783752831429
9,95 €

Alle Bücher sind auch als eBook verfügbar!

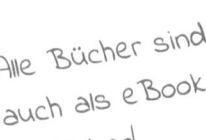

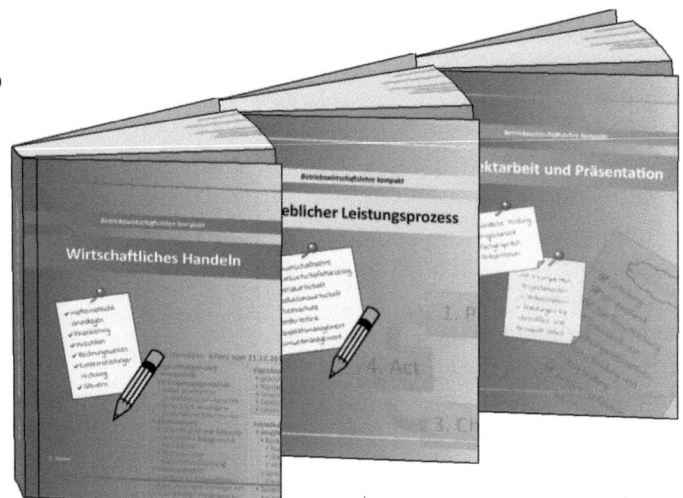

betrieblicher Leistungsprozess
ISBN 9783752866179
9,95 €

Projektarbeit und Präsentation
ISBN 9783752876635
9,95 €

Moderne Führungstechniken...

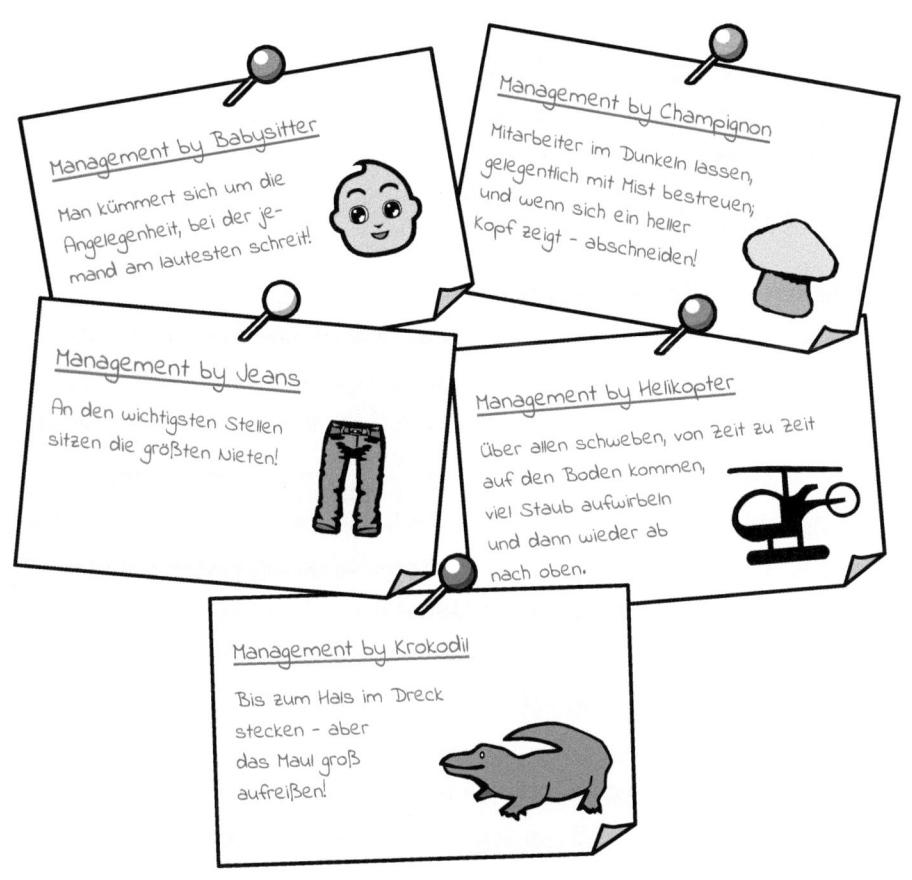

Management by Babysitter

Man kümmert sich um die Angelegenheit, bei der jemand am lautesten schreit!

Management by Champignon

Mitarbeiter im Dunkeln lassen, gelegentlich mit Mist bestreuen; und wenn sich ein heller Kopf zeigt - abschneiden!

Management by Jeans

An den wichtigsten Stellen sitzen die größten Nieten!

Management by Helikopter

Über allen schweben, von Zeit zu Zeit auf den Boden kommen, viel Staub aufwirbeln und dann wieder ab nach oben.

Management by Krokodil

Bis zum Hals im Dreck stecken - aber das Maul groß aufreißen!

TIPPS FÜR DIE PRÜFUNG

Da es in der Prüfung auf jeden Punkt ankommt, sollten Sie Folgendes beachten:

- ☑ Legen Sie sich eine Bearbeitungsreihenfolge fest:
    - ☑ Nehmen Sie sich kurz Zeit, um alle Aufgaben durchzulesen und so einen Überblick über alle geforderten Fragen zu erhalten.
    - ☑ Stürzen Sie sich nicht sofort auf die erste Aufgabe, sondern beginnen Sie mit der Aufgabe, bei der Sie sich sicher sind und somit die ersten Punkte holen können.
    - ☑ Bearbeiten Sie anschließend die schwierigeren Aufgaben.
    - ☑ Markieren oder haken Sie bereits gelöste Aufgaben bzw. Teilaufgaben ab.

- ☑ Lesen Sie die komplette Fragestellung genau durch, oftmals ist die gesuchte Antwort nicht das, was Sie auf den ersten Blick meinen.

- ☑ Wählen Sie den Antwortumfang richtig aus:
    - ☑ Bei Nennen Sie… genügt eine Antwort im Telegrammstil oder nur die Nennung des zutreffenden Begriffes.
    - ☑ Bei Nennen Sie drei Merkmale… werden nur die ersten drei Nennungen berücksichtigt. Achten Sie daher darauf, dass diese richtig sind.
    - ☑ Bei Erklären Sie…/Begründen Sie… ist eine ausführliche Beschreibung in ausformulierten Sätzen notwendig.
    - ☑ Bei Beschreiben Sie anhand eines Beispiels… muss ein Beispiel gebildet werden (am Besten mit Bezug auf die Ausgangssituation).
    - ☑ Bei Beschreiben Sie und bilden Sie ein Beispiel… ist eine allgemeine Beschreibung und danach ein konkretes Beispiel notwendig (am Besten mit Bezug auf die Ausgangssituation).

- ☑ Schreiben Sie auch bei Berechnungen immer einen kurzen Antwortsatz.

- ☑ Markieren Sie die gegebenen und die gesuchten Daten, so können Sie stets sehen, was Sie schon haben und was Sie noch berechnen müssen.

- ☑ Wenn eine Rechenaufgabe auf ein Ergebnis aus vorherigen Aufgaben aufbaut, Sie diese aber nicht lösen konnten, berechnen Sie die anschließende Aufgabe mit einem ausgedachten, plausiblen Wert. So erhalten Sie Teilpunkte für den richtigen Rechenweg.

☑ **Ergebnisse kurz überprüfen**, ob sie realistisch sind. So lassen sich Fehler gleich beheben (wenn der Gewinn höher ist als die Einnahmen, stimmt etwas nicht).

☑ Fordert ein Sachverhalt Vor- und Nachteile, gliedern Sie diese:

Vorteile:	1. …	Nachteile: 1. …
	2. …	2. …

> **HINWEIS**
> *Schreiben Sie die Vor- und Nachteile noch einmal hin, auch wenn die Vorteile des einen die Nach-teile des anderen sind.*

☑ **Immer die Uhr im Blick behalten.** Wenn Sie nicht weiterkommen, gehen Sie zur nächsten Aufgabe. **Kontrollieren Sie in den letzten 15 bis 20 Minuten**, ob Sie alle Aufgaben bearbeitet haben.

☑ Beschriften Sie zu Beginn der Prüfung Ihre Blätter mit Namen/persönlicher Prüfnummer, Datum und Prüfungsfach. Sortieren Sie erst am Ende der Prüfung Ihre Blätter.

☑ Schreiben Sie trotz Prüfungsstress und Zeitdruck lesbar, nachvollziehbar und verständlich. Schreiben Sie zur Veranschaulichung immer den kompletten Lösungsweg auf, wie Sie auf Ihre Lösung gekommen sind, denn der Prüfungskorrektor kann nur das bewerten, was er lesen und verstehen kann.

Der Autor wünscht Ihnen viel Erfolg bei Ihrer Prüfung!

PERSONALMANAGEMENT

Das Personalmanagement ist ein Teilbereich des Unternehmensmanagements, dass für alle Maßnahmen und Entscheidungen bei Personalangelegenheiten zuständig ist.

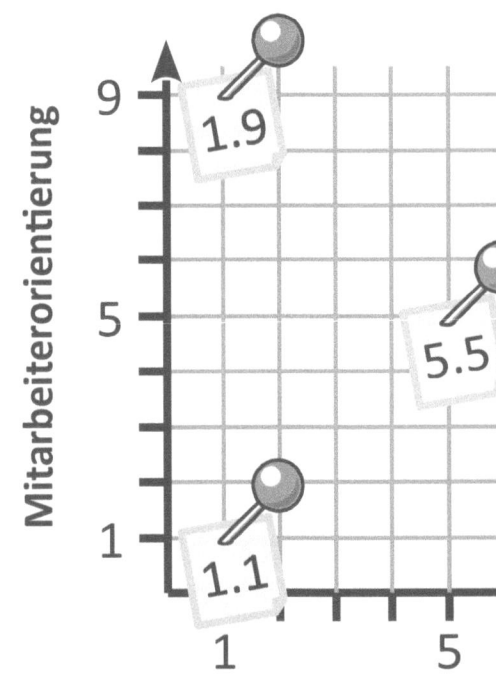

Das Personalmanagement (Human Resource Management; HRM) befasst sich mit dem Produktionsfaktor Arbeit und trifft alle wichtigen Maßnahmen und Entscheidungen bei Personalangelegenheiten von der Personalplanung über den Einsatz und die Entwicklung der Beschäftigten bis zum Abbau des Personalbestandes.

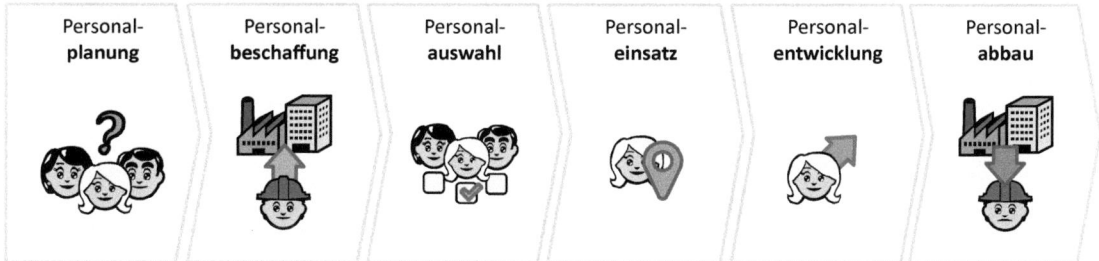

Abbildung 1: Überblick über das Personalmanagement

1.1 Personalplanung

Die Personalplanung soll frühzeitig alle benötigten Maßnahmen einleiten, um eventuelle Risiken (z. B. Personalengpässe) zu verhindern. Das oberste Ziel der Personalplanung ist, die benötigten Beschäftigten in der erforderlichen Anzahl, mit den erforderlichen Qualifikationen zur richtigen Zeit am richtigen Ort bereitzustellen. Aus einer guten Personalplanung ergeben sich sowohl Vorteile für den Beschäftigten als auch für den Arbeitgeber.

Vorteile für den Beschäftigten	Vorteile für den Arbeitgeber
<ul><li>bessere Übersicht über den innerbetrieblichen Arbeitsmarkt</li><li>einzelne, persönliche Entwicklungen und Qualifizierungen sind möglich</li><li>Sicherheit des Arbeitsplatzes wird erhöht</li></ul>	<ul><li>bei auftretenden Personalengpässen bzw. Überkapazitäten kann schneller reagiert werden</li><li>erfährt über vorhandene Potenziale der eigenen Beschäftigten</li><li>motiviert die Beschäftigten durch passende Entwicklungsmaßnahmen</li><li>rechtzeitige Personalmaßnahmen senken die Abhängigkeit vom außerbetrieblichen Arbeitsmarkt</li></ul>

Tabelle 1: Vorteile der Personalplanung für den Beschäftigten und den Arbeitgeber

Möglichkeiten der Personalplanung

Personal-bedarfs-planung	Personal-beschaffungs-planung	Personal-entwicklungs-planung	Personal-einsatz-planung	Personal-kosten-planung
Wie viele Beschäftigte werden wann, wo und mit welchen Qualifikationen benötigt?	*Wie und wo können diese erforderlichen Beschäftigten gefunden werden?*	*Wie können die vorhandenen Beschäftigten am Besten gefördert werden?*	*Wie können die vorhandenen Beschäftigten optimal nach ihren Fähigkeiten eingesetzt werden?*	*Welche Kosten entstehen aus den geplanten Maßnahmen?*

Abbildung 2: Überblick über die Möglichkeiten der Personalplanung

- Die Personalbedarfsplanung ermittelt den Bruttopersonalbedarf. Unvollständige oder falsche Informationen können in der Zukunft bedeutsame Folgen mit sich ziehen: Ein zu niedriger Bruttopersonalbedarf (zu wenig Stellen) führt zu Personalengpässen, während ein zu hoher Bruttopersonalbedarf (zu viele Stellen) später mit Personalabbau endet.

- Die Personalbeschaffungsplanung beschafft das benötigte Personal, um einen Personalengpass zu umgehen bzw. abzubauen. Dabei spielen die erforderliche Menge, Einsatzdauer/-ort, Qualifikationen und Zeitpunkt eine wichtige Rolle. Das benötigte Personal kann dabei auf dem innerbetrieblichen oder außerbetrieblichen Arbeitsmarkt gesucht werden.

- Die Personalentwicklungsplanung plant alle notwendigen Maßnahmen, die der beruflichen Aus- und Fortbildung dienen. Sie orientiert sich dabei stark an den Bedürfnissen, Eignungen und Wünschen des jeweiligen Beschäftigten.

- Die Personaleinsatzplanung soll vorhandene Unter- oder Überforderungen der Beschäftigten aufgrund einer falschen Stellenbesetzung ausfindig machen und diese Beschäftigten entsprechend ihrer Kenntnisse und Fähigkeiten an einer anderen für sie passenden Stelle im Unternehmen beschäftigen, damit sie dort ihre volle Leistung erbringen können.

- Die Personalkostenplanung soll die Kosten im Rahmen halten, um wirtschaftlich mit den zur Verfügung stehenden Finanzmitteln umgehen zu können.

1.1.1 Personalbedarfsermittlung

In der Personalbedarfsermittlung wird der Bruttopersonalbedarf (Personal-Soll) festgestellt. Diese Anzahl an Stellen wird zur Erfüllung der Aufgabe benötigt. Unvollständige oder falsche Informationen können in der Zukunft bedeutsame Folgen mit sich ziehen: Ein zu niedriger Bruttopersonalbedarf (zu wenige Stellen) führt zu Personalengpässen und Überlastung der Beschäftigten, während ein zu hoher Bruttopersonalbedarf (zu viele Stellen) sehr kostspielig ist und später mit Personalabbau endet.

Ermittlung des Bruttopersonalbedarfes	Ermittlung des künftigen Personalbestandes	Ermittlung des Nettopersonalbedarfes
Wie viele Stellen sind zu besetzen?	*Wie viele Beschäftigte sind aktuell vorhanden?*	*Wie viele Beschäftigte werden noch benötigt bzw. sind zu viel?*

Abbildung 3: Schritte der Personalbedarfsplanung

1. Zuerst wird der Bruttopersonalbedarf ermittelt. Dazu werden zum aktuellen Stellenbestand die neu geplanten Stellen hinzugezählt und die entfallenen Stellen abgezogen. Die Frage dabei lautet: *Wie viele Stellen sind zu besetzen?*

Bruttopersonalbedarf [Stellen] =	*diese Anzahl an Stellen sind insgesamt zu besetzen*
vorhandene Stellen	
+ neu geplante Stellen	
− entfallende Stellen	

2. Anschließend wird der künftige Personalbestand ermittelt. Dazu wird errechnet, wie hoch der Personalbestand an einem bestimmten Zeitpunkt sein muss. Unbesetzte Stellen müssen genauso berücksichtigt werden wie die Beschäftigten, die zu diesem Zeitpunkt aus dem Unternehmen ausscheiden oder neu ins Unternehmen kommen. Die Frage dabei lautet: *Wie viele Beschäftigte sind vorhanden?*

zukünftiger Personalbestand [Personen] =	*diese Anzahl an Beschäftigten wird benötigt, um alle vorhandenen Stellen zu besetzen*
aktueller Personalbestand	
+ feststehende Personalzugänge	
− feststehende Personalabgänge	
− geplante Personalabgänge	

3. Am Schluss wird der Nettopersonalbedarf ermittelt. Dazu wird der zukünftige Personalbestand vom Bruttopersonalbedarf abgezogen. Diese Differenz ergibt den Nettopersonalbedarf.

Nettopersonalbedarf [Personen] = Bruttopersonalbedarf – zukünftiger Personalbestand	*diese Anzahl an <u>zusätzlichen Beschäftigten</u> wird noch benötigt, bzw. muss abgebaut werden*

Beispiel 1: Berechnungsschema zum Nettopersonalbedarf

aktueller Stellenbestand (Ist)	458	→ *diese Stellen sind bereits vorhanden*
+ geplante Stellenzugänge	17	→ *diese Stellen kommen neu hinzu*
– geplante Stellenabgänge	-12	→ *diese Stellen werden abgebaut*
= Bruttopersonalbedarf	**463**	→ *diese Stellen sind insgesamt vorhanden*
aktueller Personalbestand (Ist)	449	→ *diese Beschäftigten sind bereits vorhanden*
+ feststehende Personalzugänge	24	→ *diese Beschäftigten kommen neu hinzu*
– feststehende Personalabgänge	-21	→ *diese Beschäftigten gehen bereits sicher*
– geplante Personalabgänge	-8	→ *diese Beschäftigten gehen eventuell*
= zukünftiger Personalbestand	**444**	→ *diese Beschäftigten sind insgesamt vorhanden*

Nettopersonalbedarf: Bruttopersonalbedarf – zukünftiger Personalbestand = 463 – 444 = 19

→ *Es werden noch **19** zusätzliche Beschäftigte benötigt, um einem Personalengpass entgegenzuwirken.*

Hinweis
*Ist das Ergebnis eine **negative Zahl**, z. B. –6, so herrscht ein **Personalüberhang**. Es müssen nun Maßnahmen ergriffen werden, um diesen Überhang **abzubauen**.*

1.1.2 Personalbeschaffung

Die Personalbeschaffung beschafft das benötigte Personal, um einen Personalengpass zu umgehen. Dabei spielen erforderliche Menge, Einsatzdauer und Einsatzort, Qualifikationen und Zeitpunkt eine wichtige Rolle. Das benötigte Personal kann dabei auf dem innerbetrieblichen oder außerbetrieblichen Arbeitsmarkt gesucht werden.

Stellenbeschreibung

In einer Stellenbeschreibung sind alle relevanten Daten über einen Arbeitsplatz enthalten. Sie bezieht sich auf die Stelle und nicht auf den Stelleninhaber.

Einige Inhalte einer Stellenbeschreibung:
- Aufgaben der Stelle
- Befugnisse und Vollmachten
- Bezeichnung der Stelle (Stellenname)
- Name des Stelleninhabers
- organisatorische Stellung in der Hierarchie
- Stellvertretungsregelung
- Über-/Unterstellung
- Ziele der Stelle

Stellenbeschreibung	TWAG Textilwerke AG
Stellenname	Maschinen- und Anlagenführer/in
Stelleninhaber	Martina Musterfrau
Stellennummer	1990-29/9
Kostenstelle	1990
Überstellung	Meister Weberei
Unterstellung	keine
Ziele der Stelle	wirtschaftliches Ausführen der Arbeiten
Aufgaben der Stelle	• Bedienen und Prüfen der Produktionsanlagen • Optimieren der Prozesse
...	...

Abbildung 4: Stellenbeschreibung

Stellenausschreibung (Stellenanzeige)

Offene und neu zu besetzende Stellen können innerbetrieblich oder außerbetrieblich ausgeschrieben werden. Da es sich um personelle Maßnahmen handelt, sollte der Betriebsrat auf jeden Fall mit einbezogen werden.

Bei einer Stellenausschreibung legt der Arbeitgeber mit dem Betriebsrat folgende Punkte fest:

- ☑ Ab wann und wie lange läuft die Ausschreibung?
- ☑ Laufen die inner- und außerbetriebliche Ausschreibung zeitgleich oder nacheinander?
- ☑ Was sind die Inhaltspunkte der Stellenausschreibung?
- ☑ Wie kann/muss sich der Bewerber bewerben?
- ☑ sonstige Details zum Ausschreibungsverfahren

Eine Stellenausschreibung sollte nach der AIDA-Formel gestaltet werden. Die AIDA-Formel wurde aus dem Marketing entnommen und dient als Hilfe bei der Erstellung von Stellenausschreibungen:

- ☑ **A**ufmerksamkeit anregen *(Attention)*
- ☑ **I**nteresse an der ausgeschriebenen Stelle wecken *(Interest)*
- ☑ **D**rang erzeugen, sich zu bewerben *(Desire)*
- ☑ **A**uffordern, die Bewerbung abzuschicken *(Action)*

Einige mögliche Inhalte einer Stellenausschreibung:

- Anforderungen an den Stelleninhaber
- Aufgaben und Ziele der Stelle
- Informationen über den Bewerbungsablauf
- Stellenbezeichnung in der männlichen (m), weiblichen (w) und neutralen (d = divers) Geschlechtsform nach dem AGG (Allgemeines Gleichbehandlungsgesetz)
- Vorstellung des Unternehmens
- Zeitpunkt der Besetzung

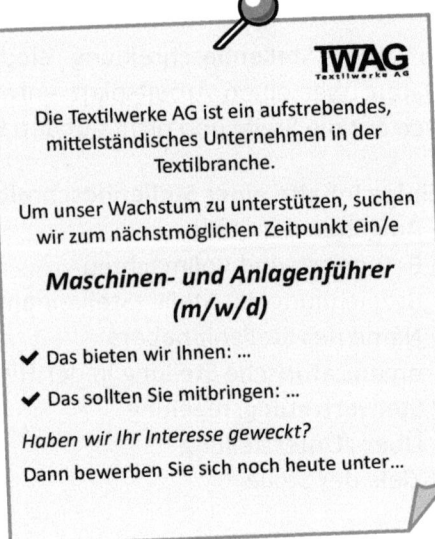

TWAG Textilwerke AG

Die Textilwerke AG ist ein aufstrebendes, mittelständisches Unternehmen in der Textilbranche.

Um unser Wachstum zu unterstützen, suchen wir zum nächstmöglichen Zeitpunkt ein/e

Maschinen- und Anlagenführer (m/w/d)

✔ Das bieten wir Ihnen: ...

✔ Das sollten Sie mitbringen: ...

Haben wir Ihr Interesse geweckt? Dann bewerben Sie sich noch heute unter...

*Abbildung 5: Stellen**aus**schreibung*

NICHT VERWECHSELN
- ✔ *Stellen**beschreibung**: Merkmale einer Stelle (beschreibt die Stelle)*
- ✔ *Stellen**ausschreibung**: geht an die Öffentlichkeit (Anzeige in der Zeitung → geht nach außen)*

1.1.3 Personalabbau

Ist zu viel Personal vorhanden, sollte es langfristig auf die benötige Menge abgebaut werden, da die Personalkosten einen Kostenaufwand darstellen.

Bei geringem Überhang kann dies durch indirekte Maßnahmen ohne Entlassungen durchgeführt werden. Dabei wird lediglich das innerbetriebliche Arbeitszeitangebot im Unternehmen reduziert, ohne dass es sich auf das Arbeitszeitangebot der Beschäftigten auswirkt. Diese Maßnahmen werden von den Beschäftigen kaum wahrgenommen.

Die direkten Maßnahmen werden hingegen von den Beschäftigten wahrgenommen. Sie reduzieren spürbar das innerbetriebliche Arbeitszeitangebot im Unternehmen, da sie sich auf das Arbeitszeitangebot der Beschäftigten auswirken. Die letzte Möglichkeit der direkten Maßnahmen sind Entlassungen. Sie stellen für die betroffenen Beschäftigten die folgenschwersten Maßnahmen dar und sind daher im Vorfeld mit dem Betriebsrat abzustimmen.

Maßnahmen des Personalabbaus		
indirekte Maßnahmen *(ohne Entlassungen)*	**direkte Maßnahmen** *(ohne Entlassungen)*	**direkte Maßnahmen** *(durch Entlassungen)*
reduzieren das Arbeitszeitangebot, jedoch <u>ohne</u> Auswirkungen auf den einzelnen Beschäftigten:	reduzieren das Arbeitszeitangebot, jedoch <u>mit</u> Auswirkungen auf den einzelnen Beschäftigten:	für die betroffenen Beschäftigten die folgenschwersten Maßnahmen:
✓ auslaufen lassen von Zeitverträgen ✓ Einstellungsstopps ✓ frei gewordene Stellen werden nicht wieder neu besetzt	✓ Abbau von Mehrarbeit/Überstunden ✓ Kurzarbeit ✓ Urlaubsgestaltung	✓ vorzeitige Pensionierung ✓ Aufhebungsvertrag ✓ Entlassungen (einzelne betriebsbedingte Kündigungen) ✓ Massenentlassungen (betriebsbedingte Kündigungen für bis zu 10 % der Belegschaft)

Abbildung 6: Überblick über die Maßnahmen des Personalabbaus

1.2 Personalauswahl

1.2.1 Personalauswahlprozess

Zu Beginn wird aus der Stellenbeschreibung das Anforderungsprofil für die zukünftige Stelle erstellt. Bei der Analyse der Bewerbungsunterlagen wird das Eignungsprofil erstellt. Beide werden anschließend verglichen. Bei Übereinstimmung wird zu einem Eignungstest eingeladen. Verläuft dieser erfolgreich, so findet das Vorstellungsgespräch statt, um letzte Detailfragen zu klären. Ist der geeignete Bewerber gefunden, so wird der Arbeitsvertrag unterschrieben. Findet keine Übereinstimmung zwischen Anforderungs- und Eignungsprofil statt, verläuft der Eignungstest oder das Vorstellungsgespräch nicht erfolgreich, so wird dem Bewerber eine Absage erteilt.

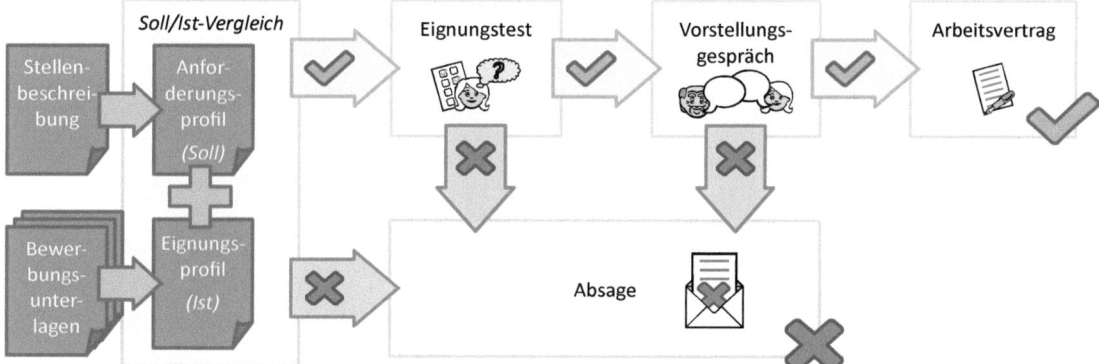

Abbildung 7: Ablauf des Personalauswahlprozesses

Anforderungsprofil

Es enthält alle Anforderungen, die ein Bewerber mitbringen muss, um in die engere Auswahl zu gelangen. Man unterscheidet zwischen fachlichen Anforderungen (z. B. Ausbildungsberuf), sozialen Anforderungen (z. B. Teamfähigkeit) und persönlichen Anforderungen (z. B. Pünktlichkeit). Es gibt Muss-Anforderungen, die erfüllt sein müssen (z. B. eine abgeschlossene Berufsausbildung) und Kann-Anforderungen (z. B. Ausbilderschein), deren Erfüllen wünschenswert ist, aber keine negative Auswirkung auf den Auswahlprozess haben sollten.

Anforderungsprofil   **TWAG** Textilwerke AG

Stelle	Benennung Maschinen- und Anlagenführer/in
	Stellennr. 1990-29/9
	Abteilung Meister weberei
Bewerber/in	Maria Muster
Schul- und Berufsbildung	abgeschlossene Ausbildung zum Maschinen- und Anlagenführer/in	○○◉○○
fachliche Anforderungen	• Umgang mit Maschinen	○○◉○○
	• technisches Verständnis	○○◉○○
methodische Anforderungen	• ganzheitliches Denken	○○◉○○
	• wirtschaftl. Arbeitsorganisation	○○○◉○
persönliche Anforderungen	• ausgeprägtes Teamdenken	○○○◉○
	• Flexibilität	○○◉○○
...	...	○○○○○

*Abbildung 8: **Anforderung**sprofil*

Eignungsprofil

Das Eignungsprofil zeigt, ob und wie der Bewerber die im Anforderungsprofil geforderten Anforderungen erfüllt. Die Erreichung der einzelnen Anforderungen werden aus den Bewerbungsunterlagen entnommen und beim Vorstellungsgespräch ergänzt. Wird eine Muss-Anforderung nicht erfüllt, ist der Bewerber ausgeschieden. Werden Kann-Anforderungen erfüllt, so hat dies positive Auswirkungen auf den Auswahlprozess.

Eignungsprofil   **TWAG** Textilwerke AG

Stelle	Maschinen- und Anlagenführer/in
Bewerber/in	Maria Muster
Schul- und Berufsbildung	abgeschlossene Ausbildung zum Maschinen- und Anlagenführer/in	○○◉○○
fachliche Anforderungen	• Umgang mit Maschinen	○○○◉○
	• technisches Verständnis	○○○○◉
methodische Anforderungen	• ganzheitliches Denken	○○◉○○
	• wirtschaftl. Arbeitsorganisation	○○○◉○
persönliche Anforderungen	• ausgeprägtes Teamdenken	○○○◉○
	• Flexibilität	○◉○○○
...	...	○○○○○

*Abbildung 9: **Eignung**sprofil*

1.2.2 Möglichkeiten der Personalauswahl

Es stehen folgende Möglichkeiten der Personalauswahl zur Verfügung:

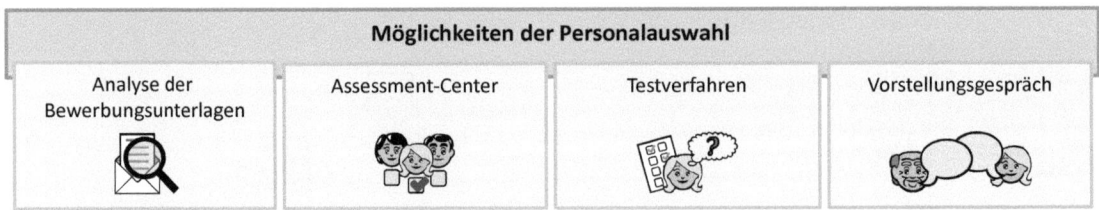

Abbildung 10: Überblick über die Möglichkeiten der Personalauswahl

Analyse der Bewerbungsunterlagen

Die Bewerbungsunterlagen vermitteln den ersten Eindruck über den Bewerber. Der Bewerber gibt hierbei indirekt viele Informationen über sich preis, z. B. über seine Arbeitsweise oder persönliche Einstellung.

Bestandteile der Bewerbungsunterlagen:
- Anschreiben (enthält die Gründe für die Bewerbung)
- Lebenslauf mit Lichtbild (meist tabellarisch und das Neuste zuerst)
- Ausbildungsnachweise (Zeugnisse von Aus-/Weiter-/Fortbildungen)
- Arbeitszeugnisse bzw. Arbeitsproben
- Nachweise über Schulungen und Kenntnisse, die von Bedeutung sind

Exkurs 1: Tipps für Ihre Bewerbungsunterlagen

Generell gilt: Vermeiden Sie Rechtschreib- und Grammatikfehler in allen Dokumenten!

Anschreiben

Es enthält die Gründe, warum Sie sich auf diese Stelle bewerben und sollte nicht über eine Seite hinausgehen. Setzen Sie sich mit der Stellenanzeige auseinander und greifen Sie Schlüsselbegriffe wörtlich auf. Stellen Sie sich bei der Erstellung folgende Fragen:

- ☑ Wie bzw. warum wurden Sie auf diese Stelle/Unternehmen aufmerksam?
- ☑ Warum bewerben Sie sich gerade auf diese Stelle?
- ☑ Was sind Ihre besonderen Qualifikationen?
- ☑ Was sind Ihre Ziele?
- ☑ Was sind die Inhalte Ihrer aktuellen Stelle (kurzgefasst)?

Bitten Sie am Ende <u>aktiv</u> um ein Vorstellungsgespräch (Ich freue mich über ...).

Lebenslauf

Er enthält die relevanten Daten Ihres bisherigen Werdegangs von der Schulbildung bis zu Ihrer aktuellen Tätigkeit.

- ☑ Aufstellung erfolgt tabellarisch und in sinnvolle Abschnitte gegliedert
- ☑ achten Sie darauf, dass Sie keine (untätigen) Lücken in Ihrem Lebenslauf haben
- ☑ die aktuelle Tätigkeit steht ganz oben, gefolgt von der vorhergehenden Tätigkeit
- ☑ verwenden Sie ein aktuelles und seriöses Lichtbild, auf dem Sie entsprechend gekleidet sind

→ siehe Fortsetzung auf der nächsten Seite

Nachweise und Zeugnisse

Mittels Nachweise und Zeugnisse weisen Sie Ihre Qualifikationen nach.

- ☞ achten Sie darauf, dass die Dokumente sauber sind und keine Kaffeeflecken, Eselsohren etc. enthalten (Stichwort Sauberkeit und Sorgfältigkeit)
- ☞ fertigen Sie sich ausreichend Kopien an
- ☞ reichen Sie die Nachweise und Zeugnisse mit, die für Ihre zukünftige Stelle von Bedeutung sind

Tipps für die Onlinebewerbung

Viele, vor allem große Unternehmen entscheiden sich inzwischen nur noch für Onlinebewerbungen (eine Bewerbung in Papierform wird in der Regel wieder zurückgeschickt).

- ☞ verschicken Sie Ihre Onlinebewerbung als PDF; so ist das Dokument vor weiterer Bearbeitungen geschützt und wird überall gleich angezeigt (verwenden Sie hierzu die Exportfunktion Ihres Textverarbeitungsprogramms oder spezielle Software)
- ☞ scannen Sie Ihre Dokumente mit einer guten Qualität ein (min. 200 bis 300 dpi)
- ☞ achten Sie beim Scannen darauf, dass das Dokument gerade liegt

Assessment-Center

In einem Assessment-Center (AC; englisch *assessment* = „Beurteilung") werden aus mehreren Bewerbern diejenigen ausgewählt, die die Anforderungen der zu besetzenden Stelle am Besten erfüllen. Dazu müssen die Bewerber verschiedene Aufgaben (z. B. Arbeitsorganisation, Diskussionen, Rollenspiele) unter starkem Stress lösen und werden dabei von mehreren geschulten Beobachtern beobachtet und bewertet. So lassen sich der Charakter und die Persönlichkeit einer Person sowie deren Fähigkeiten, Fertigkeiten und Eignung für die zukünftige Stelle ganzheitlich überprüfen.

Vorteile eines Assessment-Centers	Nachteile eines Assessment-Centers
✓ Schaffung eines ganzheitlichen Bildes über den Bewerber ✓ kennenlernen über mehrere Tage möglich ✓ kann gravierende Fehler bei der Personalauswahl vermeiden, wenn es passgenau vorbereitet wurde ✓ Bewerber kann sich in Szene setzen ✓ gestellte Aufgaben werden einzeln gewertet	✗ Manipulationsmöglichkeiten durch den Bewerber oder Beobachter ✗ oftmals fehlende Übertragbarkeit auf den Berufsalltag ✗ verursacht hohe Kosten

Tabelle 2: Vor- und Nachteile eines Assessment-Centers

Testverfahren

Mittels verschiedener Tests können die Fähigkeiten und Kenntnisse der potenziellen Bewerber herausgefunden und die Eignung für eine Stellenbesetzung aufgezeigt werden. In einer begrenzten Zeit müssen dabei Fragen zu unterschiedlichen Themen beantwortet werden oder bestimmte Aufgaben gelöst werden. So lassen sich Aussagen zur Intelligenz, Leistung oder Persönlichkeit treffen. Auch praktische Tests in Form von Drahtbiegeübungen zur Überprüfung des handwerklichen Geschickes sind möglich.

Vorstellungsgespräch

Ein Vorstellungsgespräch wird durchgeführt, um in erster Linie möglichst viele Informationen von den potenziellen Bewerbern zu bekommen.

Vorstellungsgespräche				
standardisiert	strukturiert	frei	Gruppeninterview	Mehraugengespräch

Abbildung 11: Überblick über die Arten der Vorstellungsgespräche

- Bei einem standardisierten Vorstellungsgespräch sind der Ablauf des Gespräches, sowie die einzelnen Fragen fest vorgegeben und können nicht verändert werden. Die Vorteile sind eine einfache Auswertung und es werden keine Sachverhalte vergessen. Jedoch ist der Gesprächsablauf starr und unflexibel.

- Bei einem strukturierten Vorstellungsgespräch sind zwar die einzelnen Fragen fest vorgegeben, der Ablauf kann jedoch dem Gespräch angepasst und verändert werden.

- Bei einem freien Vorstellungsgespräch wird der Gesprächsablauf frei geführt. Der Fragende kann individuell auf die Gesprächssituation eingehen. Jedoch erfordert diese Art der Gesprächsführung eine hohe Erfahrung. Zudem können Sachverhalte vergessen werden und die Auswertung gestaltet sich mit unter schwierig.

- Bei einem Gruppeninterview werden mehrere Bewerber parallel befragt. Dies ermöglicht eine direkte Vergleichsmöglichkeit zwischen den Bewerbern.

- Bei einem Mehraugengespräch sind im Gespräch neben dem Bewerber auch der Fach- und Personalbereich anwesend. Es lässt sich so leichter feststellen, ob der persönliche Eindruck über den Bewerber bei beiden Bereichen identisch ist.

Phasen des Vorstellungsgespräches

Einstieg	Darstellung der Position und des Unternehmens	Prüfung	Abschluss
✓ Begrüßung ✓ Vorstellung ✓ Dank für das Kommen ✓ positives Gesprächs- klima herstellen	Informationen über das Unter- nehmen und die Stelle geben	Lebenslauf des Bewerbers: ✓ persönlich ✓ beruflich	✓ Fazit ✓ Wie geht es weiter? ✓ Verabschiedung

*diese beiden Phasen können
auch vertauscht werden*

Abbildung 12: Phasen des Vorstellungsgespräches

Regeln bei der Durchführung eines Vorstellungsgespräches aus Sicht des Arbeitgebers:

- ☑ aktiv zuhören, bei Unklarheiten nachfragen, sich Bemerkungen aufschreiben
- ☑ Gesprächsdauer der Position der Stelle in der Hierarchieebene anpassen
- ☑ Großteil (ca. 80 %) des Gespräches sollte beim Bewerber liegen
- ☑ keine Fachdiskussionen anfangen
- ☑ offene Fragen verwenden, geschlossene Fragen (Antwortmöglichkeit: ja/nein) und Suggestivfragen (Fragen mit vorbestimmter Antwort) vermeiden
- ☑ Störungen und Zeitdruck vermeiden
- ☑ lockere Atmosphäre herstellen

Exkurs 2: Tipps für Ihr Vorstellungsgespräch

Wenn Sie zu einem Vorstellungsgespräch eingeladen werden, sollten Sie folgende Punkte beachten, um erfolgreicher zu sein:

- ☑ erscheinen Sie rechtzeitig
- ☑ hören Sie genau zu, wenn Ihr Gesprächspartner etwas erzählt bzw. Sie fragt
- ☑ informieren Sie sich vorher über die Stelle und die Firma
- ☑ kleiden Sie sich entsprechend der Stelle
- ☑ schauen Sie sich noch einmal die Stellenausschreibung an (machen Sie sich besonders mit Ihren zukünftigen Aufgaben vertraut)
- ☑ machen Sie sich im Voraus Gedanken über die nachfolgenden Fragen

In einem Vorstellungsgespräch müssen Sie viele Informationen über sich preisgeben. Ihr Gesprächspartner versucht durch spezielle Fragen, kleinste Details auszufragen, um Unschlüssigkeiten aus Ihrem Lebenslauf zu klären bzw. er wird Sie mit unerwarteten Fragen unter Druck setzen, um Ihre Reaktion herauszufinden. Nachfolgend sind einige dieser Fragen abgedruckt, über die Sie sich unbedingt Gedanken machen sollten, um nicht unvorbereitet zu wirken.

Eventuelle Fragen, mit denen Sie konfrontiert werden können:

- ☑ Erzählen bzw. beschreiben Sie uns kurz Ihren bisherigen Lebenslauf.
- ☑ Hatten Sie schon Konflikte mit Mitarbeitern? Wie sind Sie damit umgegangen?
- ☑ Nennen Sie uns Ihre Stärken und Schwächen. Wo sehen Sie noch Nachholbedarf?
- ☑ Sie haben eine Weiterbildung zum ... absolviert. Was hat Sie dazu bewogen?
- ☑ Warum haben Sie sich für diese Stelle entschieden?
- ☑ Warum sollten wir ausgerechnet Sie auswählen?
- ☑ Warum wollen Sie Ihre bisherige Stelle aufgeben?
- ☑ Was erwarten Sie von der neuen Stelle?
- ☑ Welche Eigenschaften mögen andere bei Ihnen?
- ☑ Wo sehen Sie sich in 5 Jahren? Was sind Ihre Ziele?

Eventuelle Fragen, speziell für eine Stelle mit Führungsaufgaben:

- ☑ Haben Sie bereits Erfahrungen im Führen von Personen gesammelt?
- ☑ Können Sie sich durchsetzen? Wenn ja, wie?
- ☑ Warum wollen Sie eine Führungskraft werden? Was hat Sie dazu bewogen?
- ☑ Was bedeutet für Sie führen?
- ☑ Was sind die Aufgaben einer Führungskraft?
- ☑ Was würde sich in Ihrer Freizeit ändern, wenn Sie eine Führungskraft werden?
- ☑ Welche Kompetenzen können bei Ihnen in Bezug auf die Führungsposition noch ausgebaut werden?
- ☑ Wie motivieren Sie sich bzw. andere?

1.2.3 Arbeitsvertrag

Er kann <u>formlos</u> (mündlich oder schriftlich) abgeschlossen werden, muss aber spätestes einen Monat nach Arbeitsbeginn schriftlich festgehalten werden (§ 2 NachwG).

Arten	Merkmale
befristet	gilt nur für den vereinbarten Zeitraum und endet dann automatisch
unbefristet	gilt zeitlich unbegrenzt, kann aber durch eine Kündigung oder Aufhebung beendet werden
tariflich gebunden	ist an einen Tarifvertrag gebunden und enthält nur davon abweichende Vereinbarungen
außertariflich (AT)	ist an keinen Tarifvertrag gebunden und enthält alle individuell festgelegten Vereinbarungen

Tabelle 3: Arten von Arbeitsverträgen

Inhaltspunkte eines Arbeitsvertrages:
- Name und Anschrift beider Vertragsparteien
- Beginn des Arbeitsverhältnisses
- Dauer des Arbeitsverhältnisses (nur bei befristeten Verträgen)
- Arbeitsorte, an denen der Arbeitnehmer beschäftigt werden kann
- kurze Beschreibung der vom Arbeitnehmer zu leistenden Tätigkeit
- Bestandteile und Höhe der Vergütung sowie deren Fälligkeit
- regelmäßige Arbeitszeit
- Dauer des jährlichen Erholungsurlaubes
- Kündigungsfristen
- Hinweis auf zugrunde liegender Tarifvertrag oder Betriebs-/Dienstvereinbarungen

 Siehe auch unter § 2 im Nachweisgesetz (NachwG). Das Nachweisgesetz ist beispielsweise im Arbeitsgesetzbuch (ArbG) enthalten.

1.3 Mitarbeiterkommunikation

1.3.1 Der kleine Kommunikationsprozess

Das Sender-Empfänger-Modell ist ein klassisches Kommunikationsmodell mit dem Ziel einer Optimierung der Kommunikation als Austausch von Informationen zwischen zwei Systemen.

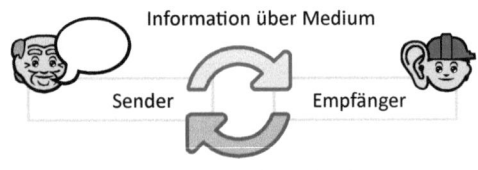

Abbildung 13: kleiner Kommunikationsprozess

Der Sender gibt eine Information (Nachricht) ab, die über ein Medium zum Empfänger transportiert wird. Der Empfänger erhält diese Information und gibt eine Rückkopplung in Form von Feedback auf die Information. Es gilt hierbei der Grundsatz »wahr ist das, was beim Empfänger ankommt«.

Ebenen einer Nachricht

Das Vier-Ohren-Modell oder Vier-Seiten-Modell von Friedemann Schulz von Thun ist ein Kommunikationsmodell, bei dem eine Information aus vier Aspekten bzw. Ebenen (Seiten) besteht. Das Modell beschreibt eine Kommunikation, die durch Missverständnisse gestört ist. Denn je nach dem, auf welchem „Ohr" der Empfänger hört, kommt die Nachricht unterschiedlich an. Stimmen gesendete und empfangene Informationen überein, so hat eine Verständigung stattgefunden.

Ebenen einer Nachricht	Merkmale
Beziehung	in welcher Beziehung stehen wir? (Wertschätzung, Verachtung)
Appell	was soll ich machen?
Selbstoffenbarung	was sagt der Sender über sich selbst?
Sachinhalt	worüber wird informiert? (Sachverhalte, Informationen, Fakten)

Tabelle 4: Ebenen einer Nachricht

Transaktionsanalyse

Sie katalogisiert das Verhalten der Menschen. Die dabei beobachtbaren Verhaltensmuster sind auf drei Ich-Zustände zurückzuführen, die in verschiedenen Zeiten unterschiedlich aktiviert sind. Eine Person ist dann psychisch gesund, wenn die drei Ich-Zustände situationsgerecht und flexibel gelebt werden.

Ich-Zustände	Merkmale
Eltern-Ich (EL)	ähnelt denen der erlebten Elternfiguren (Werte aus Erziehung) • kritisches Eltern-Ich (kritisiert) • fürsorgliches Eltern-Ich (hilft, motiviert)
Erwachsenen-Ich (ER)	ausgerichtet auf objektive Erfassung und Bewertung der Wirklichkeit (fragt nach Fakten, Tatsachen, schätzt Wahrscheinlichkeiten ab, trifft sachliche Aussagen)
Kind-Ich (K)	erinnert an Verhaltensweisen in der Kindheit • freies Kind-Ich (spontan, ungezwungen, zeigt Gefühle) • angepasstes Kind-Ich: (passt sich herrschenden Normen an)

Tabelle 5: Ich-Zustände

Abbildung 14: Überblick über die Formen einer Transaktion

1.3.2 Verhalten in Gesprächen

Diskussionsregeln

Um bei Diskussionen ein geschätzter Gesprächspartner zu sein, sollten folgende Regeln beachtet werden:

- ☑ Redebeitrag erkennbar anmelden
- ☑ klar und deutlich sprechen
- ☑ andere Teilnehmer ausreden lassen und nicht mundtot machen
- ☑ Einzelfälle nicht verallgemeinern
- ☑ Tatsachen und eigene Meinung unterscheiden
- ☑ sachlich argumentieren
- ☑ zielgerichtet diskutieren

Argumentation

Ein Argument wird dazu verwendet, etwas zu begründen oder jemanden zu überzeugen.

Behauptung	Begründung	Beweis	Beispiel	Forderung
Aussage...	...weil...	...denn...	...beispielsweise...	...daher...

Abbildung 15: Bestandteile eines Arguments

Reaktionen im Gespräch

Bestimmte Reaktionen der Gesprächsteilnehmer können entscheidende Auswirkungen auf den Erfolg des Gespräches haben.

fördernde Reaktionen im Gespräch	hemmende Reaktionen im Gespräch
✓ aktives, aufmerksames Zuhören ✓ eigene Gefühle mitteilen ✓ Inhalt der Aussage mit eigenen Worten wiederholen ✓ Rückmeldung an den Gesprächspartner	✗ Beenden des Blickkontakts ✗ Belehrungen ✗ Ratschläge aufzwingen/Überreden ✗ Schweigen ✗ Themenwechsel ohne Erklärung ✗ Verneinen von Gefühlen

Tabelle 6: fördernde und hemmende Reaktionen im Gespräch

1.3.3 Mitarbeitergespräche

Sie sind ein Informationsaustausch zwischen Beschäftigtem und Vorgesetzten, in dem der Beschäftigte eine Rückmeldung über seine Arbeitsleistung und Verhalten in der vergangenen Periode erhält. Des Weiteren werden hierbei neue Ziele und Maßnahmen für die neue Periode gemeinsam vereinbart.

Arten	Merkmale
Anerkennungsgespräch	um die Leistungen eines Beschäftigten zu würdigen
Beurteilungsgespräch	beurteilt die Leistung und das Verhalten eines Beschäftigten
Entwicklungsgespräch	legt Maßnahmen zur Entwicklung der Beschäftigten fest
Konfliktgespräch	bei Meinungsverschiedenheiten
Kritikgespräch	soll Fehler oder ein Fehlverhalten zukünftig vermeiden
Rückkehrgespräch	bei Rückkehr aus längerer Abwesenheit z. B. Krankheit
Zielvereinbarungsgespräch	es werden gemeinsam Ziele vereinbart

Tabelle 7: Arten von Mitarbeitergesprächen

Vorbereitung auf ein Mitarbeitergespräch

Damit ein Mitarbeitergespräch erfolgreich verläuft und seinen Zweck erfüllt, sind bestimmte Vorbereitungen für den Vorgesetzten erforderlich:

- ☑ **Ziel** (für das bevorstehende Gespräch Zielvorstellungen entwickeln)
- ☑ **Sicherheit** (innere Sicherheit durch gute Vorbereitung gewinnen)
- ☑ **Natürlichkeit** (keine künstliche Rolle spielen, sich selbst darstellen)
- ☑ **Gesprächsstruktur** (in den Gesprächspartner hinein versetzen, Gliederung einhalten)
- ☑ **Körperhaltung** (entspannt, sinnvolle Mimik/Gestik, Blickkontakt suchen, nicht fixieren)
- ☑ **Sprache** (ruhig, dynamisch, nicht weitschweifig, zielorientiert)
- ☑ **Zeit** (Zeitplan einhalten)

Phasen eines Mitarbeitergespräches

Vorbereitung	Kontakt-aufnahme	Informa-tion	Argumen-tation	Beschluss	Abschluss
✓ Inhalt ✓ Ort ✓ Zeit ✓ Einladung	✓ Begrüßung ✓ Grund des Gespräches ✓ Gesprächs-klima her-stellen	Gesprächs-schwerpunkte und Vorgehens-weise benen-nen	✓ Gedanken-austausch ✓ Präzisierung ✓ Einwände	✓ Ergebnis her-ausarbeiten ✓ sicherstellen, dass Mitar-beiter einver-standen ist	✓ Dank ✓ Verabschie-dung

Abbildung 16: Phasen eines Mitarbeitergespräches

1.3.4 Konfliktgespräch

In einem Konfliktgespräch wird versucht, einen aufgetretenen Konflikt so zu lösen, dass er von <u>beiden Seiten</u> akzeptiert wird.

Phasen der Konfliktlösung

Konfliktbenennung	Problematisierung	Lösung	Vereinbarung
genaue Analyse der aufgetretenen Konfliktsituation	alle existierenden Probleme, Vorstellungen und Ziele benennen	<u>gemeinsam</u> nach Lösungen suchen, eventuell einen Kompromiss finden	eine für <u>alle</u> akzeptable Vereinbarung treffen und dokumentieren

Abbildung 17: Phasen der Konfliktlösung

Ablauf eines Konfliktgespräches

Vorbereitung	Kontaktaufnahme	Problem aufzeigen	Stellungnahme	Lösungssuche	Abschluss
✓ Inhalt ✓ Ort ✓ Zeit ✓ Einladung	✓ Begrüßung ✓ Grund des Gespräches ✓ Gesprächsklima herstellen	✓ Schilderung des Problems ✓ Aufzeigen der Folgen	Beschäftigte/n um Stellung bitten	gemeinsame Vereinbarung von Lösungen treffen	✓ Dank ✓ Verabschiedung

Abbildung 18: Ablauf eines Konfliktgespräches

Strategien	Merkmale
Flucht	der Konflikt bleibt unbeachtet bestehen, da nicht nach einer Lösung gesucht wird
Anpassung	die Problemsituation wird zwar akzeptiert, aber die eigenen Bedürfnisse und Wünsche dabei unterdrückt
Durchsetzung (win-lose)	die Interessen werden stark direkt und indirekt vertreten (es entsteht ein Kampf untereinander, der mit Gewinner und Verlierer endet)
Kompromiss (Mittelweg)	es wird gemeinsam nach einem für beide Seiten akzeptablen Kompromiss gesucht
kooperativ (win-win)	der Konflikt wird genau untersucht und es wird gemeinsam nach einer für beide Seiten optimalen Lösung gesucht

Tabelle 8: Strategien zur Konfliktlösung

Exkurs 3: Fragen zur Konfliktanalyse

Anhand nachfolgender Fragen kann die Ursache eines Konfliktes erforscht und für beide Seiten eine optimale Lösung gefunden werden:

- ☑ Seit wann existiert der Konflikt?
- ☑ Welche Erwartungen haben beide Konfliktparteien?
- ☑ Welche Themen und Lösungsvorschläge wurden bisher besprochen?
- ☑ Welche Unterstützung können die Konfliktparteien erhalten?
- ☑ Wer ist wie mit dem Konflikt beteiligt?
- ☑ Wie stellt sich der Konflikt aus mehreren Sichtweisen dar?

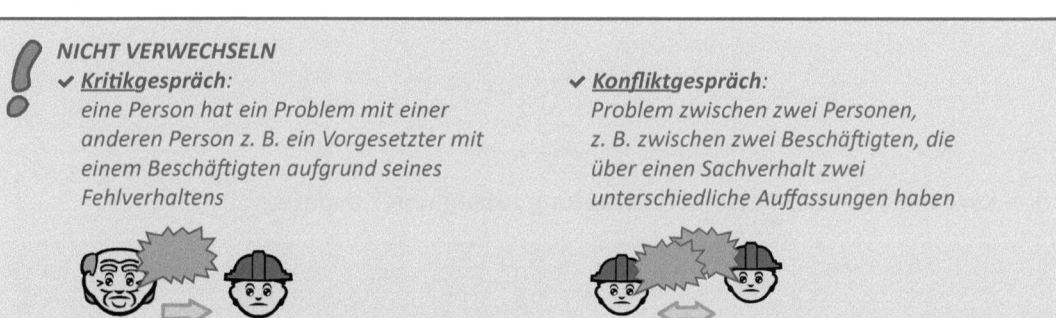

NICHT VERWECHSELN

✓ *Kritikgespräch:*
  eine Person hat ein Problem mit einer anderen Person z. B. ein Vorgesetzter mit einem Beschäftigten aufgrund seines Fehlverhaltens

✓ *Konfliktgespräch:*
  Problem zwischen zwei Personen, z. B. zwischen zwei Beschäftigten, die über einen Sachverhalt zwei unterschiedliche Auffassungen haben

1.4 Personalentwicklung

Eine gute Personalentwicklung beinhaltet alle Maßnahmen, um die Qualifikationen der eigenen Beschäftigten zu erhalten und zu erweitern. Dabei sollte sie sich stark an den Anforderungen und Wünschen der Beschäftigten orientieren.

Ziele der Personalentwicklung:
- ✓ erhält und vergrößert den Bestand an qualifizierten Beschäftigten
- ✓ erhöht die Flexibilität der Beschäftigten durch mehrere Einsatzmöglichkeiten
- ✓ steigert die Motivation der Beschäftigten

Maßnahmen	Merkmale
Fortbildung	fachlich-berufliche Ausbildung, die auf eine bereits vorhandene Berufsausbildung aufsetzt
Erhaltungsfortbildung	gleicht Verluste von Kenntnissen/Fertigkeiten aus (z. B. Auffrischen von Normungsreihen)
Erweiterungsfortbildung	vermittelt zusätzliche Berufsfähigkeiten (z. B. betriebswirtschaftliche Grundkenntnisse)
Anpassungsfortbildung	vermittelt veränderte Anforderungen an den Arbeitsplatz (z. B. Umgang mit PC/EDV)
Aufstiegsfortbildung	bereitet die Übernahme von höherwertigen Aufgaben oder Führungsaufgaben vor (z. B. Meisterschule)
Weiterbildung	allgemeine Ausweitung der Bildung über die berufsspezifischen Bereiche hinweg (z. B. Geprüfter Technischer Betriebswirt)

Tabelle 9: Maßnahmen der Personalentwicklung

Kernaufgaben der Personalentwicklung

Zu den Kernaufgaben der Personalentwicklung zählen unter anderem:

im Bereich der Personalplanung	im Bereich der Berufsausbildung	im Bereich der Weiterbildung	im Bereich der Führungskräfteentwicklung
• entwickeln von Rotations- und Einsatzplänen • erstellen und durchführen der Nachfolgeplanung • erstellen und einführen von Beurteilungssystemen • erstellen von Anforderungsprofilen	• auswählen der geeigneten Bewerber • erstellen von Ausbildungsrahmenplänen • feststellen und fördern von Schlüsselqualifikationen • führen von Entwicklungsgesprächen	• auswählen und betreuen der Trainer, Seminare und deren Teilnehmer • auswählen und festlegen der Qualifizierungsmaßnahmen • beraten bei allen auftretenden Fragen zur Weiterbildung • feststellen und festlegen des Qualifikationsbedarfes	• durchführen von Mitarbeitergesprächen und Nachwuchsförderungsprogrammen • einführen und einsetzen von Zielvereinbarungsinstrumenten • entwickeln und durchführen von Coaching- und Traineeprogrammen • erarbeiten und einführen von Führungsgrundsätzen

Tabelle 10: Kernaufgaben der Personalentwicklung

Personalentwicklungsmaßnahmen

into-the-job	out-of-the-job	on-the-job	off-the-job	near-the-job	along-the-job
(in den Arbeits- platz hinein)	*(aus dem Arbeitsplatz heraus)*	*(am Arbeits- platz)*	*(außerhalb des Arbeitsplatzes)*	*(nebenher am Arbeitsplatz)*	*(vorwärts am Arbeitsplatz über längere Zeit)*
✓ berufliche Erstausbildung	✓ Ruhestands- vorbereitung ✓ Altersteilzeit	✓ Unterweisung ✓ Stellvertre- tung ✓ Projektarbeit	✓ Seminar ✓ Fernlehrgang	✓ Lernwerkstatt ✓ Projektarbeit	✓ Nachfolge- planung

Abbildung 19: Überblick über die Unterscheidungen der Personalentwicklungsmaßnahmen

Personalbeurteilung

Systematische Personalbeurteilungen sind standardisierte Prozesse, in denen Vorgesetzte in regelmäßigen Intervallen ihre unterstellten Beschäftigten nach vorgegebenen Kriterien beurteilen.

Vorteile für den Beschäftigten	Vorteile für den Vorgesetzten	Vorteile für das Unternehmen
✓ bekommt Auskunft über seine eigenen Stärken und Schwächen ✓ bekommt Rückmeldung über seine gezeigte Leistung ✓ erhöht die Motivation des Beschäftigten ✓ wird über die Erwartungen seines Vorgesetzten infor- miert	✓ erhält Auskunft über den Leistungsgrad seiner unter- stellten Beschäftigten ✓ erkennt Schwachstellen und kann passende Gegenmaß- nahmen starten ✓ kann Potenzialträger entde- cken und entwickeln ✓ muss sich mit den Leistun- gen und Verhalten seiner unterstellten Beschäftigten auseinander setzen	✓ bekommt Auskunft über den optimalen Einsatz aller Beschäftigten ✓ erhält Angaben über den Eignungs- und Leistungsgrad sowie Entwicklungsmöglich- keiten aller Beschäftigten ✓ erhält Informationen über den Bildungsbedarf aller Beschäftigten und kann gezielte Bildungsmaßnah- men durchführen ✓ kann Potenzialträger entwi- ckeln und diese an sinnvol- len Stellen einsetzen

Tabelle 11: Vorteile von Personalbeurteilungen

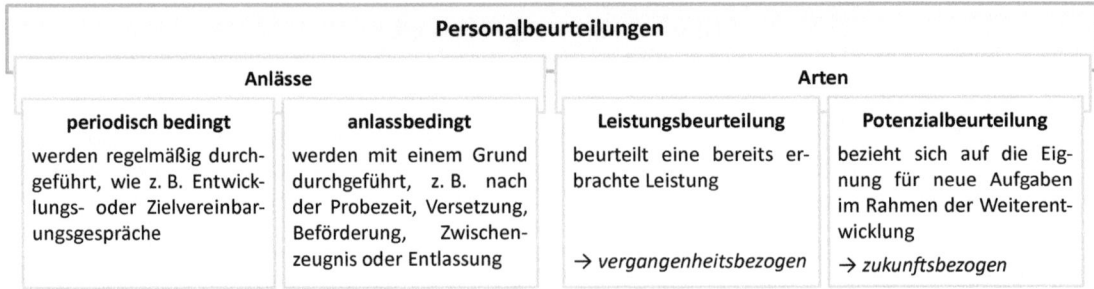

Personalbeurteilungen			
Anlässe		**Arten**	
periodisch bedingt	**anlassbedingt**	**Leistungsbeurteilung**	**Potenzialbeurteilung**
werden regelmäßig durchgeführt, wie z. B. Entwicklungs- oder Zielvereinbarungsgespräche	werden mit einem Grund durchgeführt, z. B. nach der Probezeit, Versetzung, Beförderung, Zwischenzeugnis oder Entlassung	beurteilt eine bereits erbrachte Leistung → *vergangenheitsbezogen*	bezieht sich auf die Eignung für neue Aufgaben im Rahmen der Weiterentwicklung → *zukunftsbezogen*

Abbildung 20: Überblick über die Unterteilung der Personalbeurteilungen

Kriterien für eine Beurteilung:

Folgende vier Kriterien können im Rahmen einer Beurteilung beurteilt werden:

- Fachkompetenz (z. B. Fachwissen)
- Individualkompetenz/Führungskompetenz (nur bei Führungskräften, z. B. Zielvereinbarung, Motivation)
- Methodenkompetenz (z. B. Arbeitsorganisation, Problemlösung)
- Sozialkompetenz (z. B. Umgang mit Kollegen)

Beurteilungsfehler

Bei einer Beurteilung fließen immer wieder Verfälschungen in die Bewertung ein, die auf den Beurteiler zurückzuführen sind. Um möglichst genau und neutral beurteilen zu können, sollte der Beurteiler mögliche Beurteilungsfehler kennen und vermeiden.

persönlichkeitsbedingte Beurteilungsfehler:

Sie sind auf die beurteilende Person (Beurteiler) zurückzuführen:

- der Beurteiler orientiert sich an der Einstellung von anderen Personen (Bezugspersonen-Effekt)
- der Beurteiler orientiert sich am ersten bzw. letzten Eindruck, den der Beschäftigte bei ihm hinterlassen hat
- der Beurteiler bezieht seine eigenen Stärken mit in die Beurteilung ein und nimmt diese als Maßstab (Projektionsfehler)
- der Beurteiler lässt sich durch Sympathien/Antipathien gegenüber dem Beschäftigten beeinflussen und beurteilt dementsprechend positiv oder negativ
- der Beurteiler lässt sich durch Vorurteile beeinflussen und beurteilt dementsprechend positiv oder negativ

Wahrnehmungsverzerrungen:
Sie treten beim Beurteiler bei der Informationsaufnahme auf:

- der Beurteiler beurteilt höhergestellte Beschäftigte besser als niedriger gestellte Beschäftigte. So bekommt der Vorarbeiter grundsätzlich eine bessere Beurteilung als der normale Arbeiter (Hierarchie-Effekt)
- der Beurteiler klebt an vergangenen Beurteilungen und bewertet die aktuelle Beurteilung ähnlich, positive Veränderungen werden nicht berücksichtigt (Kleber-Effekt)
- der Beurteiler bewertet nur kürzlich erbrachte Leistungen und nicht den gesamten Zeitraum (Recency-Effekt/Nikolaus-Effekt)
- der Beurteiler nimmt nur positive bzw. negative Einzelvorfälle wahr und richtet die Beurteilung an diesen aus (selektive Wahrnehmung)
- der Beurteiler bewertet nur ein einziges Merkmal intensiv und richtet die Beurteilung an diesem aus (Überstrahlungseffekt/Halo-Effekt)

Arbeitsstrukturierung

Abbildung 21: Überblick über die Varianten der Arbeitsstrukturierung

Job-Enlargement (Arbeitsplatzerweiterung/horizontale Umstrukturierung)
Der bisherige Umfang der Arbeit wird um Aufgaben mit dem gleichen Anforderungsniveau erweitert (meist vor- bzw. nachgelagerte Tätigkeiten). Dadurch soll Einseitigkeit vermieden und Abwechslung geschaffen werden.

Job-Enrichment (Arbeitsplatzbereicherung/vertikale Umstrukturierung)
Der bisherige Umfang der Arbeit wird um Aufgaben mit einem höheren Anforderungsniveau bereichert. Der Beschäftigte übernimmt dabei vermehrt Verantwortung (ist meist mit einer Fort-/Weiterbildung verbunden).

Job-Rotation (Arbeitsplatzwechsel)
Ein rhythmischer Wechsel des Arbeitsplatzes in bestimmten Zeitabschnitten. Dadurch sollen die Fachkenntnisse und Erfahrungen gefördert, sowie Arbeitsmonotonie vermieden werden.

1.5 Personalentlohnung

Das Ziel einer leistungsgerechten Entlohnung ist die angemessene Bezahlung eines Entgeltes an den Beschäftigten, abhängig von seiner erbrachten Leistung (»wer viel arbeitet, bekommt auch viel ausbezahlt«). Sie soll Transparenz und einen Bezug zwischen erbrachter Leistung und dafür erhaltenes Entgelt schaffen. Durch ein geschicktes und gerechtes Vergütungssystem mit interessanten Zusatzleistungen kann zudem die Motivation der Beschäftigten weiter gesteigert werden.

Eine vollkommene Lohngerechtigkeit lässt sich nicht erreichen, da bei der Festlegung des Entgeltes viele Faktoren beteiligt sind. Die Höhe der Entlohnung richtet sich unter anderem nach den Anforderungen an die Stelle (körperliche oder geistige Arbeit, Verantwortung), nach der Qualifikation des Stelleninhabers (z. B. Studium) und nach Branche bzw. Region (z. B. wirtschaftliches Ballungsgebiet). Auch die Unternehmensgröße spielt eine Rolle.

1.5.1 Lohnformen

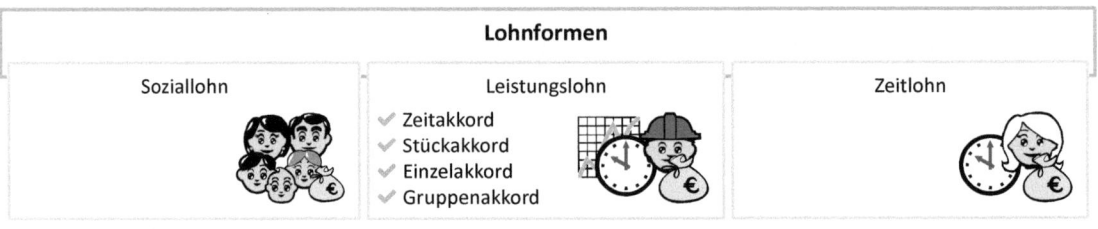

Abbildung 22: Überblick über die Lohnformen

Soziallohn

Das Entgelt orientiert sich verstärkt an <u>sozialen Belastungen</u>, z. B. Anzahl der Kinder.

Leistungslohn

Das Entgelt richtet sich nur nach dem <u>geleisteten Arbeitsergebnis</u> (z. B. abgelieferte Stückzahlen). Diese Vergütungsform verdeutlicht den Zusammenhang zwischen erbrachter Leistung und die dafür erhaltene Entlohnung und stellt einen starken Leistungsanreiz dar.

Leistungslohn			
Zeitakkord	Stückakkord	Einzelakkord	Gruppenakkord

Abbildung 23: Überblick über die Unterscheidung beim Leistungslohn

- beim Zeitakkord wird eine bestimmte Zeit je Stück vorgegeben (Vorgabezeit), die mit der erreichten Leistungsmenge verrechnet wird

Zeitakkordlohn [€] = Leistungsmenge *[Stück]* · Minutenfaktor *[€ pro Minute]* · Vorgabezeit	*Lohn in Abhängigkeit der benötigten Zeit*
Minutenfaktor [€ pro Minute] = $\dfrac{\text{Akkordrichtsatz } [€]}{60 \ [\text{Minuten/Stunde}]}$	*Akkordlohn pro Minute*
Akkordrichtsatz [€] = Mindestlohn *[€]* + Akkordzuschlag *[€]*	*festgelegter Stundenlohn bei Normalleistung*
Akkordzuschlag [€] = Mindestlohn *[€]* · Akkordzuschlag *[%]*	*Akkordzuschlag in Euro*

> **Beispiel 2: Berechnung des Zeitakkordlohns** *(es wird mehr gefertigt als die Sollvorgabe)*
>
> Mindestlohn: 16 €/h; Akkordzuschlag: 25 % (= 0,25); Vorgabezeit: 1,2 min/St.;
> gefertigte Stückzahl (Ist): 60 St./h (Sollvorgabe: 50 St./h)
>
> Akkordrichtsatz: Mindestlohn + Akkordzuschlag = 16 €/h + (16 €/h · 0,25) = 16 € + 4 € = 20 €/h
>
> Minutenfaktor: $\dfrac{\text{Akkordrichtsatz}}{60 \text{ min}} = \dfrac{20 \ €/h}{60 \text{ min}} = 0,33 \ €/h$
>
> Stückakkordlohn: Menge · Minutenfaktor · Vorgabezeit = 60 St./h · 0,33 €/h · 1,2 min/St. = 24 €/h
>
> → *Der Zeitakkordlohn beträgt bei **60** gefertigten Stücken **24 €/h**.*

> **Berechnung des Zeitakkordlohns bei einer Minderleistung**
> *Bei einer Minderleistung (es wird eine geringere Stückzahl produziert als vorgegeben) erfolgt die Berechnung nach dem gleichen Schema. Da die Menge hier geringer ist, verringert sich auch der Zeitakkordlohn. So werden bei nur 40 gefertigten Stücken lediglich 15,84 €/h ausbezahlt (40 St./h · 0,33 €/h · 1,2 min/St.).*

- beim Stückakkord ist die abgelieferte Stückzahl entscheidend

Stückakkordlohn [€] = gefertigte Stückzahl (Ist) *[Stück]* · Stückakkordsatz *[€ pro Stück]*	*Lohn in Abhängigkeit des erreichten Arbeitsergebnisses*
Stückakkordsatz [€ pro Stück] = $\dfrac{\text{Akkordrichtsatz } [€]}{\text{Leistungeinheiten bei Normalzeit } (Soll) \ [Stück \ pro \ Stunde]}$	*Akkordlohn pro Stück*
Akkordrichtsatz [€] = Mindestlohn *[€]* + Akkordzuschlag *[€]*	*festgelegter Stundenlohn bei Normalleistung*
Akkordzuschlag [€] = Mindestlohn *[€]* · Akkordzuschlag *[%]*	*Akkordzuschlag in Euro*

Beispiel 3: Berechnung des Stückakkordlohns *(es wird <u>mehr</u> gefertigt als die Sollvorgabe)*

Mindestlohn: 16 €/h; Akkordzuschlag: 25 % (= 0,25); Normalleistung (Soll): 50 St./h; gefertigte Stückzahl (Ist): 57 St./h

Akkordrichtsatz: Mindestlohn + Akkordzuschlag = 16 €/h + (16 €/h · 0,25) = 16 €/h + 4 € = 20 €/h

Stückakkordsatz: $\dfrac{\text{Akkordrichtsatz}}{\text{Normalleistung}} = \dfrac{20\ \text{€/h}}{50\ \text{St./h}} = 0,40$ €/St.

Stückakkordlohn: gefertigte Stückzahl · Stückakkordsatz = 57 St./h · 0,40 €/St. = 22,80 €/h

→ *Der Stückakkordlohn beträgt bei **57** gefertigten Stück **22,80 €/h.***

Beispiel 4: Berechnung des Stückakkordlohns *(es wird <u>weniger</u> gefertigt als die Sollvorgabe)*

Mindestlohn: 16 €/h; Akkordzuschlag: 25 % (= 0,25); Normalleistung (Soll): 50 St./h; gefertigte Stückzahl (Ist): 42 St./h

Akkordrichtsatz: Mindestlohn + Akkordzuschlag = 16 €/h + (16 €/h · 0,25) = 16 €/h + 4 € = 20 €/h

Stückakkordsatz: $\dfrac{\text{Akkordrichtsatz}}{\text{Normalleistung}} = \dfrac{20\ \text{€/h}}{50\ \text{St./h}} = 0,40$ €/St.

Stückakkordlohn: gefertigte Stückzahl · Stückakkordsatz = 42 St./h · 0,40 €/St. = 16,80 €/h

→ *Der Stückakkordlohn beträgt bei **42** gefertigten Stücken **16,80 €/h.***

- beim Einzelakkord wird der Akkordlohn für jeden Beschäftigten individuell in Abhängigkeit von seinem erzielten Ergebnis berechnet
- beim Gruppenakkord wird der Akkordlohn für das erzielte Ergebnis einer Arbeitsgruppe berechnet und anschließend unter den Gruppenmitgliedern aufgeteilt

Zeitlohn

Das Entgelt richtet sich nur nach der <u>anwesenden Zeit</u>. Das Ergebnis der Arbeitsausführung ist dabei nicht relevant und wird sehr oft bei Angestellten verwendet.

Zeitlohn [€] =

Lohnsatz [€ pro Zeiteinheit] · anwesende Arbeitszeit [Zeiteinheiten]

Lohn in Abhängigkeit der anwesenden Arbeitszeit

Beispiel 5: Berechnung des Zeitlohns

Lohnsatz: 19 €/h; anwesende Arbeitszeit: 20 Arbeitstage mit je 8 h Arbeitszeit

anwesende Arbeitszeit: 20 Arbeitstage · 8 h = 160 h

Zeitlohn: Lohnsatz · anwesende Arbeitszeit = 19 €/h · 160 h = 3.070 €

→ *Der Zeitlohn beträgt bei 160 anwesenden Stunden **3.040 €.***

1.5.2   Bestandteile des Entgelts

Bestandteile	Merkmale
Grundbezüge	fester Bestandteil des Entgelts, der sich an den gestellten Anforderungen an eine Stelle orientiert, z. B. Schwierigkeit, Verantwortung
variable Bezüge	sind von bestimmten Erfolgsfaktoren wie z. B. Gewinn abhängig; dazu zählen Gratifikationen, Prämien, Provisionen, Tantiemen und Zulagen
Gratifikationen	Sondervergütungen, die leistungsunabhängig zu besonderen Anlässen zusätzlich ausbezahlt werden, z. B. Jubiläumsgeld oder Urlaubsgeld
Prämien	werden für besondere Leistungen zusätzlich zum regulären Lohn ausbezahlt, z. B. Ausschussreduzierung oder Materialreduzierung
Provisionen	erfolgsabhängige Beteiligung an dem erzielten Gewinn aus dem Geschäft des Beschäftigten, z. B. Verkaufsprovision bei Vertretern
Tantiemen	erfolgsabhängige Beteiligung aus dem erzielten Gesamtgewinn eines Unternehmens
Zulagen	spezielle Entgeltbestandteile, die für Sonderleistungen ausbezahlt werden, welche über die regulären Vertragsbedingungen hinausgehen
Zusatzleistungen	weitere Geld- und Sachleistungen, die einmalig oder wiederholt gewährt werden, z. B. Firmenwagen oder Arbeitgeberdarlehen

Tabelle 12: Bestandteile des Entgelts

1.5.3   Kriterien der Entgeltfestlegung

Eine vollkommene Lohngerechtigkeit ist nicht realisierbar. Es soll dennoch versucht werden, die Festlegung des Entgeltes so gerecht wie möglich zu gestalten.

Leistungsgerechtigkeit

Die Vergütung der Arbeit geschieht in Abhängigkeit von der erbrachten Leistung. Wer bei identischer Arbeit mehr leistet, soll dementsprechend auch mehr vergütet bekommen als jemand, der weniger leistet. Das wird nur über Leistungslohn oder eine leistungsabhängige Prämierung erreicht.

⇨   Siehe auch unter Leistungslohn auf Seite 34.

Anforderungsgerechtigkeit

Hier ist die Schwierigkeit einer Arbeit ausschlaggebend. Sie wird über spezielle Methoden der Arbeitsbewertung erfasst und eingestuft.

- Bei der summarischen Arbeitsbewertung werden die Anforderungen der Tätigkeit <u>als Einheit bewertet</u>. Anhand einer Rangfolge lässt sich die Schwierigkeit ablesen, z. B. 1 = einfachste Arbeit; 10 = komplexe Arbeit mit Verantwortung und langjähriger Erfahrung.

- Bei der analytischen Arbeitsbewertung werden die Anforderungen einer Tätigkeit <u>einzeln</u> bewertet.

Sozialgerechtigkeit

Das Entgelt richtet sich nach <u>sozialen Belastungen</u>, z. B. Anzahl der Kinder.

1.5.4 Entgeltermittlung

Die Bruttorechnung berechnet das Bruttoentgelt eines Beschäftigten. Hierzu werden Arbeitszeitdaten, Leistungsdaten, Zulagen und Prämien oder eventuelle Erstattungen benötigt. Das Bruttoentgelt wird anschließend zur Nettorechnung weitergereicht. Sie berechnet die Abzüge und ermittelt so das auszuzahlende Nettoentgelt. Hierzu werden Steuerklasse, Steuerfreibetrag und Sozialversicherungen des Beschäftigten benötigt. Die Zahlungsrechnung ist verantwortlich für die pünktliche Auszahlung (Überweisung) der Nettoverdienste an die Beschäftigten. Gleichzeitig führt sie die Lohnsteuer an das Finanzamt sowie die Sozialversicherungsbeiträge an die entsprechenden Träger wie Krankenkassen ab. Sämtliche Lohndaten werden anschließend in der Auswertungsrechnung für die interne Verwendung aufbereitet und ausgewertet.

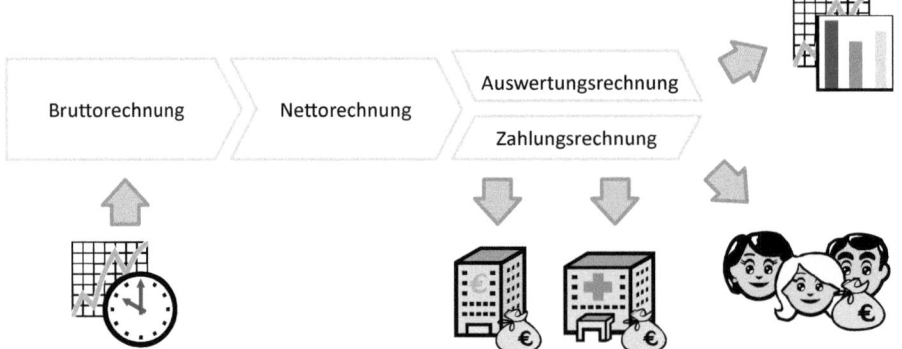

Abbildung 24: Ablauf der Entgeltermittlung

1.6 Personalführung

1.6.1 Führungsstil

Ein Führungsstil beschreibt das <u>Verhalten</u>, mit dem eine Führungskraft seinen untergebenen Beschäftigten entgegentritt.

Verhaltensgitter/Managerial Grid

Wurde von Robert R. Blake und Jane Mouton im Jahre 1964 entwickelt. Das Gitter entstand auf der Annahme, dass es grundsätzlich zwei Orientierungen im Führungsverhalten gibt. Es besteht daher aus zwei Achsen mit jeweils neun Stufen: An der waagrechten Achse wird die Aufgabenorientierung (Aufgabe steht im Mittelpunkt) und an der senkrechten Achse die Mitarbeiterorientierung (Mitarbeiter steht im Mittelpunkt) eingetragen.

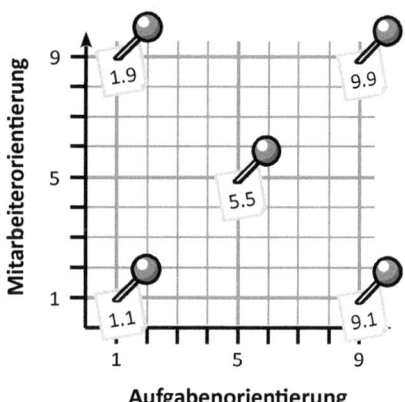

Daraus ergeben sich 81 verschiedene Verhaltensmuster, von denen jedoch nur die 4 extremen Ausprägungen betrachtet werden. Aus ihnen werden die gängigen Führungsstile abgeleitet.

gängige Führungsstile					
laissez-fair	autoritär	mitarbeiter-orientiert	kooperativ	Kompromiss	situativ
1.1	9.1	1.9	9.9	5.5	

Abbildung 25: Verhaltensgitter mit den sich daraus abgeleiteten gängigen Führungsstile

Führungsstile	Merkmale
laissez-fair (1.1) *»Überlebensmanagement«* 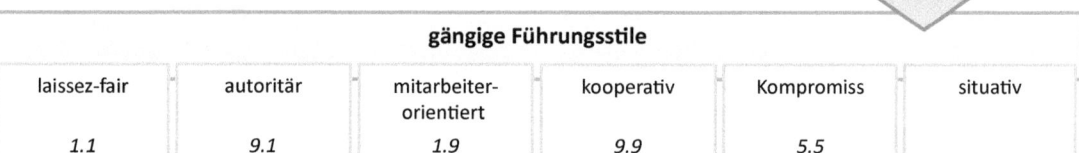	ist kein wirklicher Führungsstil, da nicht geführt wird • Führungskraft greift nicht ein • Beschäftigte haben komplette Freiheiten (bestimmen alles selbst, z. B. Ziele, Urlaub) • Führungskraft zeigt geringes Interesse an der Aufgabenstellung • Führungskraft zeigt geringes Interesse an den Beschäftigten • es herrscht eine mäßige Atmosphäre • die Arbeitsleistung ist gering

→ siehe Fortsetzung der Führungsstile auf der nächsten Seite

Führungsstile	Merkmale
autoritär/aufgabenorientiert (9.1) *»Befehl-Gehorsam-Management«*	die Aufgabe ist das Wichtigste, die Beschäftigten treten dabei eher in den Hintergrund • Arbeitsabläufe sind durch Regeln und Anweisungen bestimmt • Führungskraft zeigt großes Interesse an der Aufgabenstellung • Führungskraft zeigt geringes Interesse an den Beschäftigten • Beschäftigte müssen das tun, was die Führungskraft anordnet • es existiert kaum ein Raum für Eigeninitiative • Entscheidungen werden nur von der Führungskraft alleine getroffen • es herrscht eine schlechte Atmosphäre • die Arbeitsleistung ist trotzdem hoch
mitarbeiterorientiert (1.9) *»Glacehandschuhmethode«*	die Beschäftigte sind das Wichtigste, die Aufgabe tritt dabei eher in den Hintergrund • Führungskraft zeigt geringes Interesse an der Aufgabenstellung • Führungskraft zeigt großes Interesse an den Beschäftigten • zwischen Führungskraft und Beschäftigten findet eine gute Zusammenarbeit statt • es herrscht eine gute Atmosphäre • die Arbeitsleistung ist gering
Kompromiss (5.5) *»Organisationsmanagement«*	Mittelweg zwischen genügend Arbeitsleistung und Berücksichtigung der Mitarbeiterwünsche/Bedürfnisse • Vorschläge/Anregungen der Beschäftigten fließen teilweise in die Entscheidungsfindung ein • zwischen Führungskraft und Beschäftigten findet eine gute Zusammenarbeit statt • Beschäftigte sind motiviert, laufen aber nicht zur Höchstform auf
kooperativ (9.9) *»Teammanagement«*	Beschäftigte werden in den Entscheidungsprozess miteinbezogen • Führungskraft zeigt großes Interesse an der Aufgabenstellung • Führungskraft zeigt großes Interesse an den Beschäftigten • Kenntnisse/Erfahrungen der Beschäftigten sind für die Aufgabenerfüllung wichtig • Vorschläge/Anregungen der Beschäftigten fließen in die Entscheidungsfindung ein • es existiert viel Raum für Eigeninitiative • Beschäftigte sind motiviert und erbringen eine hohe Arbeitsleistung
situativ	optimaler Führungsstil • Art der Führung orientiert sich an der Reife/Persönlichkeit des Beschäftigten (von Diktieren bis zu Delegieren) • Führungsstil passt sich der jeweiligen Situation an • verlangt von der Führungskraft Erfahrung

Tabelle 13: gängige Führungsstile

1.6.2 Führungstechniken

Es gibt verschiedene <u>Instrumente und Methoden</u> zur Gestaltung und Realisierung der Führung (Führungsprinzipien).

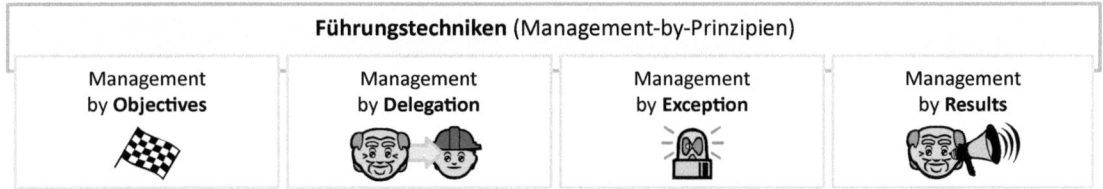

Abbildung 26: Überblick über die Führungstechniken (Management-by-Prinzipien)

Management by Objectives (MbO)

MbO bedeutet Führung durch Zielvereinbarung. Die Ziele werden dabei gemeinsam zwischen Vorgesetztem und Beschäftigten vereinbart.

Vorteile von MbO:
- ✓ erhöhte Motivation bei den Beschäftigten
- ✓ gerechtere Beurteilung der Beschäftigten durch eindeutige Zielvereinbarungen
- ✓ Beschäftigte identifizieren sich mehr mit den Unternehmenszielen

Management by Delegation (MbD)

MbD bedeutet Führung durch Bevollmächtigung (Delegation). Die Aufgaben werden <u>dauerhaft</u> an einen Beschäftigten abgetreten (delegiert). Es wird nicht nur die Aufgabe an sich, sondern auch die Teilverantwortung (die Hauptverantwortung liegt weiterhin beim Vorgesetzten) und die Kompetenz dafür übertragen. Führungsaufgaben sind nicht delegierbar und müssen von der Führungskraft selbst erledigt werden.

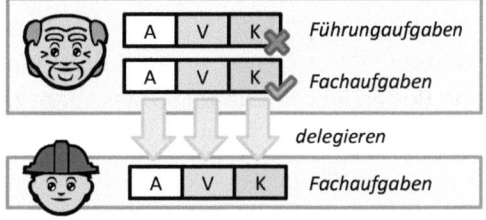

Abbildung 27: Prinzip von MbD

Management by Exception (MbE)

MbE bedeutet Führung nach dem Ausnahmeprinzip (Exception). Die Beschäftigten bearbeiten Routinefälle mit eigenverantwortlicher Entscheidung. Die Führungskraft greift nur in Ausnahmefällen ein.

Management by Results (MbR)

MbR bedeutet Führung nach Ergebnissen (Results). Den Beschäftigten werden klare Leistungsergebnisse vorgegeben (ähnlich dem autoritären Führungsstil).

> **NICHT VERWECHSELN!**
> ✓ **Führungsstil** ist die dauerhaft gezeigte, grundsätzliche <u>Verhaltensweise</u> eines Vorgesetzten gegenüber den ihm unterstellten Beschäftigten
> ✓ **Führungstechnik** sind <u>Prinzipien</u> der Führung (Management-by-Prinzipien) und zeigen, wie die Führung gestaltet wird

1.6.3 Führen von Gruppen

Gruppenstrukturen

Eine Gruppe ist eine Vielzahl von Menschen mit einer bestimmten Ausprägung.

Ideale Merkmale einer optimalen Gruppe:
- ✓ das Zusammensein findet über einen längeren Zeitraum statt
- ✓ es herrscht in der Gruppe ein starker Zusammenhalt (Wir-Gefühl)
- ✓ es liegen gemeinsame Ziele oder Werte vor

formelle Gruppe

Sie wird bewusst geplant und über eine längere Zeit eingesetzt. Die Aufgaben bzw. Ziele und Rollen werden dabei vorgegeben, z. B. Abteilungen oder Projektgruppen.

informelle Gruppe

Sie entsteht ungeplant innerhalb oder neben den formellen Gruppen aufgrund von gleichen Interessen oder Gemeinsamkeiten. Die Ziele und Rollen weichen dabei von denen der formellen Gruppe ab, z. B. Fahrgemeinschaft.

positive Folgen einer informellen Gruppe	negative Folgen einer informellen Gruppe
✓ ermöglichen eine schnelle und einfache Kommunikation zwischen einzelnen Gruppen ✓ stillt Bedürfnisse, die eine formelle Gruppe in dieser Form nicht kann	✗ Auftreten und Verbreitung von Gerüchten ✗ unbeliebte Beschäftigte werden ausgegrenzt ✗ Ziele/Normen unterscheiden sich von den eigentlichen Gruppenzielen

Tabelle 14: mögliche Folgen einer informellen Gruppe

Teamarbeit

Eine Arbeitsform im Unternehmen, bei der eine bestimmte Anzahl an Mitarbeitern gemeinsam an einer vorgegebenen Aufgabe arbeitet. Durch die koordinierte Zusammenarbeit und die starke Gruppenbeziehung lässt sich ein höheres Leistungsniveau erreichen, als durch die Arbeit eines Einzelnen möglich wäre.

Teilautonome Gruppen

Die Gruppe besitzt so viel Verantwortung und Entscheidungsfreiräume, wie sie für die selbstständige und eigenverantwortliche Erreichung ihrer Ziele benötigt. Sie bestimmt darüber hinaus auch ihre Organisations-, Planungs- oder Kontrollaufgaben weitgehend selbst. Die Vorteile sind neben der eigenständigen Arbeitsweise auch eine mögliche Spezialisierung und eine erhöhte Motivation der Mitarbeiter.

Gruppenbildung

- **Interaktionsregel**: durch ständige Kontakte zwischen den Mitgliedern entsteht ein starkes Wir-Gefühl
- **Angleichungsregel**: mit dem längeren Bestehen einer Gruppe passen sich die Ansichten und Verhaltensweisen der einzelnen Mitglieder gegenseitig an
- **Distanzierungsregel**: herrscht in der Gruppe ein zu starker Zusammenhalt, kann sich die Gruppe nach außen hin von anderen absetzen (distanzieren)

Phasen der Gruppenbildung nach Bruce Tuckmann

Orientierungsphase *(forming)*	Machtkampfphase *(storming)*	Vertrautheitsphase *(norming)*	Arbeitsphase *(performing)*	Trennungsphase *(adjourning)*
in der Gruppe herrscht Unsicherheit, da sich die Mitglieder noch unbekannt sind	es kommt zu Positions-/Machtkämpfe und Konflikte zwischen den Mitgliedern	Gruppenstruktur hat sich gebildet; zwischen den Gruppenmitgliedern entsteht ein Zusammenhalt	Aufgaben werden hier am effizientesten ausgeführt und Probleme schnell gelöst	es herrscht Unsicherheit, wie es mit den Mitgliedern weiter geht

Abbildung 28: Phasen der Gruppenbildung nach Bruce Tuckmann

1.6.4 Zielorientierte Mitarbeiterführung

Diese Art der Mitarbeiterführung orientiert sich sehr stark am Beschäftigten.

 Siehe auch unter mitarbeiterorientierter/kooperativer Führungsstil auf Seite 39 bzw. unter Management by Objectives (MbO) auf Seite 41.

Zielvereinbarungsgespräch

In einem Zielvereinbarungsgespräch legt der Vorgesetzte gemeinsam mit seinem Beschäftigten die zu erreichenden Ziele fest. Der Inhalt der Ziele sollte eindeutig formuliert werden, um Missverständnisse zu vermeiden und die Beurteilung zu vereinfachen. Der Umfang der Ziele sollte den Beschäftigten zwar fordern, aber trotzdem realistisch und erreichbar bleiben.

Eröffnung	Ziele aufzeigen	Klärung	Zielvereinbarung	Dokumentation	Abschluss
Eröffnung des Gespräches	Aufzeigen der übergeordneten Ziele und ableiten der Ziele für den Mitarbeiter	Klärung von eventuellen Einwänden und Schwierigkeiten seitens des Mitarbeiters bei der Erreichung der Ziele	gemeinsames vereinbaren von Zielen und Rahmenbedingungen sowie Prüfen der Kompetenzen und Ressourcen	schriftliches Festhalten der vereinbarten Ziele	Abschluss des Gespräches und Verabschiedung

Abbildung 29: Ablauf eines Zielvereinbarungsgespräches

Coaching

Coaching ist eine fachkundige und persönliche Beratung im beruflichen Umfeld. Der Vorgesetzte ist angehalten, vorhandene oder versteckte Potenziale seiner ihm unterstellten Beschäftigten zu entdecken. Er unterstützt den Beschäftigten dabei, seine Arbeit so auszurichten, dass er seine Potenziale hervorbringen und fördern kann.

Der Vorgesetzte steht bei auftretenden Problemen lediglich bei der Entwicklung von Lösungsalternativen zu Seite. Der Beschäftigte entscheidet sich anschließend selbst für die für ihn optimale Lösung.

1.6.5 Mitarbeitermotivation

Motivieren kommt vom lateinischen »movere« und bedeutet »in Bewegung setzen«. Die Grundlage bzw. Antrieb für ein Verhalten ist ein bestimmtes Motiv.

Hygienefaktoren (Umgebungsfaktoren) sind zwingend benötigter Bestandteil und Mindestanforderung bei der Arbeitsplatzgestaltung. Sind sie nicht erfüllt, führen sie schnell zu unzufriedenen Beschäftigten. Sind sie jedoch erfüllt, werden sie als eine Selbstverständlichkeit angesehen.

Motivatoren sind übergeordnete Bedürfnisse,

Abbildung 30: Motivationstheorien nach Abraham Maslow und Frederick Herzberg

die, wenn sie erfüllt werden, eine erhöhte Zufriedenheit und Arbeitsleistung herbeiführen. Sie können aber erst beim Beschäftigten ihre Wirkung entfalten, wenn die Mindestanforderungen (Hygienefaktoren) ausreichend befriedigt sind.

1.7 Arbeitsrecht und Beteiligungsrechte

1.7.1 Arbeitsrecht

Das Arbeitsrecht regelt die Rechte der abhängig Beschäftigten. Es dient damit dem Schutz aller Beschäftigten.

Bestandteile	Merkmale
Arbeitszeitgesetz (ArbZG)	gesetzliche Bestimmungen zum Thema Arbeitszeit
Betriebsverfassungsgesetz (BetrVG)	grundlegende Regeln der Zusammenarbeit zwischen Arbeitgeber und Beschäftigten
Kündigungsschutzgesetz (KSchG)	gesetzliche Bestimmungen zum Thema Kündigungen
Mitbestimmungsgesetz (MitbestG)	gesetzliche Bestimmungen zum Thema Betriebsrat
Tarifverträge (TV)	spezielle Rahmenbedingungen für einzelne Branchen

Tabelle 15: Bestandteile des Arbeitsrechtes (Auswahl)

1.7.2 Beteiligungsrechte der Beschäftigten

Betriebsrat

In Unternehmen mit mindestens 5 ständig wahlberechtigten Beschäftigten, von denen 3 wählbar sind, können Betriebsräte gewählt werden (§ 1 BetrVG). Die Betriebsratswahlen finden alle 4 Jahre statt. Wahlberechtigt sind alle Beschäftigten, die das 18. Lebensjahr vollendet haben (§ 7 BetrVG). Wählbar sind alle Wahlberechtigten, die 6 Monate dem Unternehmen angehören (§ 8 BetrVG). Der Betriebsrat arbeitet unter Beachtung der geltenden Tarifverträge vertrauensvoll zum Wohl der Beschäftigten und des Unternehmens mit dem Arbeitgeber zusammen (§ 2 BetrVG).

Allgemeine Aufgaben des Betriebsrates (§ 80 BetrVG):
• bereitet die Wahl der Jugend- und Auszubildendenvertretung vor, führt diese auch durch und arbeitet eng mit ihr zusammen
• fördert die Beschäftigung älterer Arbeitnehmer sowie die Eingliederung von Schwerbehinderten
• fördert die Gleichstellung von Frau und Mann
• leitet Anregungen von Beschäftigten und Jugendvertretern an den Arbeitgeber weiter und unterstützt die Umsetzung
• überwacht die Befolgung von Betriebsvereinbarungen, Gesetzen, Tarifverträgen und Unfallverhütungsvorschriften

Rechte des Betriebsrates:
• Er besitzt in allen <u>wirtschaftlichen</u> Angelegenheiten ein Informationsrecht. Um seine Aufgaben ordnungsgemäß durchführen zu können, ist er über alle Angelegenheiten zu informieren.
• In allen <u>allgemeinen personellen</u> Angelegenheiten besitzt er ein Mitwirkungsrecht (Informations- und Beratungsrecht). Der Betriebsrat wird informiert und kann mitberaten, er kann jedoch eine Entscheidung des Arbeitgebers nicht blockieren.
• In <u>sozialen und individuellen personellen</u> Angelegenheiten besitzt er ein Mitbestimmungsrecht. Der Betriebsrat wird nicht nur informiert, sondern hat auch mit zu entscheiden und kann dadurch eine Entscheidung des Arbeitgebers blockieren.

Betriebsausschuss (§ 27 BetrVG)

Ein Betriebsausschuss muss gebildet werden, wenn der Betriebsrat aus mindestens 9 Mitgliedern besteht. Dieser führt die laufenden Geschäfte des Betriebsrates und kann Aufgaben zur selbständigen Erledigung übertragen bekommen, wenn die Mehrheit der Betriebsratsmitglieder dafür stimmen.

Einigungsstelle (§ 76 BetrVG)

Sie ist bei Meinungsverschiedenheiten zwischen Arbeitgeber und Betriebsrat zu bilden, um eine Einigung zu erreichen. Sie besteht aus einem unparteiischen Vorsitzenden und je zur Hälfte aus Beisitzern, die vom Arbeitgeber und Betriebsrat bestellt werden.

Wirtschaftsausschuss (§ 106 ff. BetrVG)

In Unternehmen mit mehr als 100 ständig beschäftigten Arbeitnehmern muss ein Wirtschaftsausschuss gebildet werden. Dieser wird vom Betriebsrat bestimmt und besteht aus 3, max. 7 Mitgliedern. Zu seinen Aufgaben gehören u. a. die Beratung des Arbeitgebers in wirtschaftlichen Angelegenheiten.

Sprecherausschuss (§ 1 ff. SprAuG)

Der Sprecherausschuss ist der „Betriebsrat" der leitenden Angestellten und ab 10 leitenden Angestellten zu wählen. Er vertritt die Interessen der leitenden Angestellten und arbeitet vertrauensvoll mit dem Arbeitgeber zusammen.

Streik und Aussperrung

Einigen sich Gewerkschaft und Arbeitgeberverband nicht, ruft die Gewerkschaft einen Streik (Arbeitsniederlegung) aus, um ihre Tarifforderungen durchzusetzen. Für diese Zeit des Verdienstausfalls erhalten die Gewerkschaftsmitglieder ein Streikgeld von der Gewerkschaft. Längere Streiks führen zu leeren Streikkassen und zu Gewinnausfällen bei den Arbeitgebern. Durch diesen wirtschaftlichen Druck sind beide Tarifvertragsparteien gezwungen, eine baldige Einigung zu treffen.

Die Gegenmaßnahme des Arbeitgeberverbandes auf den Streik ist die Aussperrung. Hierbei werden die Beschäftigten eines Unternehmens vorübergehend von der Arbeitspflicht freigestellt. Während dieser Zeit wird kein Arbeitsentgelt bezahlt.

Streikarten	Merkmale
Warnstreik	dient während den ersten Verhandlungen zur Verstärkung der Gewerkschaftsforderung; er umfasst nur einige Betriebe und dauert nicht lange
Flächenstreik	alle Unternehmen im gesamten Tarifbezirk werden bestreikt
Schwerpunktstreik	es werden nur ausgewählte strategische Unternehmen bestreikt, z. B. wichtige Zulieferbetriebe; ist effektiv und schont die Streikkasse
wilder Streik	wird von selbstorganisierten Beschäftigten ausgerufen und ist nicht rechtswirksam

Tabelle 16: Streikarten

Schlichtungsverfahren

Kommt es zwischen Gewerkschaft und Arbeitgeberverband zu keiner Einigung, wird ein Schlichtungsverfahren vereinbart, um heftigen Auseinandersetzungen entgegenzuwirken. Dabei wird von einem neutralen Schlichter eine nicht bindende Tariflösung vorgeschlagen, die in der Regel von beiden Seiten akzeptiert und übernommen wird.

1.8 betriebliche Sozialpolitik

Das Ziel der betrieblichen Sozialpolitik ist der Erhalt und die Förderung der Leistungsfähigkeit der Beschäftigten. Darüber hinaus können attraktive betriebliche Sozialleistungen genutzt werden, um auf dem Arbeitsmarkt nach qualifizierten Beschäftigten zu suchen.

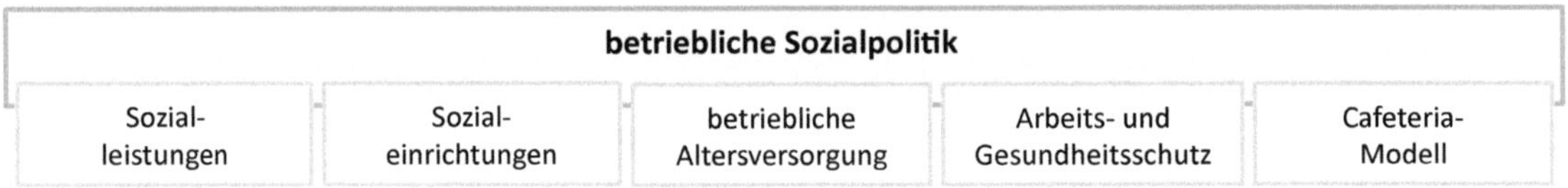

betriebliche Sozialpolitik				
Sozial-leistungen	Sozial-einrichtungen	betriebliche Altersversorgung	Arbeits- und Gesundheitsschutz	Cafeteria-Modell

Abbildung 31: Überblick über die betriebliche Sozialpolitik

Sozialleistungen

Sozialleistungen sind <u>freiwillige</u> Leistungen des Arbeitgebers an die Beschäftigten. Sie werden vom jeweiligen Unternehmen selbst festgelegt und sind meistens durch Betriebsvereinbarungen abgesichert. Der einzelne Beschäftigte hat davon einen direkten Nutzen, wie z. B. vermögenswirksame Leistungen.

Sozialeinrichtungen

Sozialeinrichtungen sind <u>dauerhafte</u> betriebliche Einrichtungen, die einen sozialen Zweck erfüllen. Der einzelne Beschäftigte hat davon nur einen indirekten Nutzen, wie z. B. Kantine, Sportanlagen, Kindertagesstätten.

betriebliche Altersversorgung

betriebliche Altersversorgung				
Direktzusage	Pensionskasse	Unterstützungskasse	Direktversicherung	Pensionsfonds

Abbildung 32: Überblick über die betriebliche Altersversorgung

- Bei der Direktzusage (Betriebsrente) verpflichtet sich der Arbeitgeber, dem Beschäftigten eine vereinbarte Versorgungsleistung zu bezahlen.

- Die Pensionskasse ist eine eigenständige Altersversicherungseinrichtung, auf deren Leistung ein rechtlicher Anspruch besteht. Die Beiträge werden größtenteils vom Arbeitgeber gezahlt, sind aber auch vom Beschäftigten als Gehaltsumwandlungen möglich.

- Die Unterstützungskasse ist eine eigenständige Altersversicherungseinrichtung, auf deren Leistung kein rechtlicher Anspruch besteht. Unter bestimmten Voraussetzungen werden Renten und Beihilfen gewährt. Die Beiträge bezahlt der Arbeitgeber.

- Bei einer Direktversicherung schließt der Arbeitgeber bei einer privaten Versicherungsgesellschaft einen Versicherungsvertrag ab, von dem der Beschäftigte profitiert. Die Leistungen werden in der Regel vom Arbeitgeber bezahlt, sind aber auch vom Beschäftigten als Gehaltsumwandlungen möglich.

- Der Pensionsfonds ist eine rechtlich selbstständige Einrichtung, die einem Beschäftigten einen Rechtsanspruch auf die Leistungen gewährt, die für ihn vom Arbeitgeber eingezahlt wurden.

Arbeits- und Gesundheitsschutz

Das Arbeitsschutzgesetz (ArbSchG) zielt darauf ab, die Sicherheit und Gesundheit der Beschäftigten während ihrer Arbeit zu erhalten. Der Arbeitgeber hat die dazu benötigten Mittel kostenfrei für die Beschäftigten zur Verfügung zu stellen. Des Weiteren muss er Beschäftigte ernennen, die Erste Hilfe oder Brandbekämpfung leisten und diese ausreichend und wiederholt unterweisen. Er hat auch dafür zu sorgen, dass Anlagen und Werkzeuge den aktuellen Sicherheitsbestimmungen entsprechen.

Die Beschäftigten sind für ihre eigene Sicherheit und Gesundheit bei der Arbeit selbst verantwortlich und müssen die vom Arbeitgeber kostenlos zur Verfügung gestellte persönliche Schutzausrüstung (PSA) gemäß ihrer Bestimmung verwenden.

Cafeteria-Modell

Die Beschäftigten können je nach ihrem persönlichen Bedarf aus verschiedenen attraktiven Angeboten und Leistungen diejenige auswählen, die für sie den größten Nutzen bzw. Vorteil bringt, z. B. Bildungs-/Langzeiturlaub, PKW-Leasing.

2 PLANUNGSTECHNIKEN

Als Planungstechniken werden strukturierte und formalisierte Instrumente zur Erleichterung und Verbesserung von Wahrnehmungs- und Denkprozessen bezeichnet, die bei der Planung einsetzbar sind.

1. Zi
defin

5. Zielerreichung
überprüfen

4. Lösung
durchführen

2.1 Unternehmensplanung

Unternehmerisches Handeln zieht immer Auswirkungen und Folgen mit sich. Um diese jedoch abschätzen und ihnen entgegenwirken zu können, müssen die relevanten Entscheidungen schon im Voraus gedanklich durchgespielt werden. Dieser Vorgang wird Planung genannt.

| Definition des Zieles | Entwickeln von Lösungsalternativen | Entscheidung für eine Lösung | Durchführung | Kontrolle |

Abbildung 33: Phasen der Unternehmensplanung

Zu den Funktionen der Planung gehören:
- Anreiz zu höherer Leistung
- Erstellen der Bedingungen für das weitere Vorgehen
- Minimieren von Ängsten
- Verringern von falschen Entscheidungen

Verfahren der Planung

Verfahren der Planung		
Top-down-Verfahren *von oben nach unten*	**Bottom-up-Verfahren** *von unten nach oben*	**Gegenstromverfahren** *Kombination: Top-down/Bottom-up*
Die oberste Führungsebene (Geschäftsleitung, Vorstand) definiert die Ziele, aus denen die darunter liegenden Führungsebenen konkrete Maßnahmen für sich ableiten. 	Die unteren Führungsebenen entwerfen Maßnahmen, die sie an die oberste Führungsebene leiten und dort bewilligt werden. 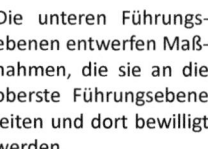	Die oberste Führungsebene definiert die Ziele, die darunter liegenden Führungsebenen leiten daraus konkrete Maßnahmen für sich ab (Top-down). Diese werden an die oberste Führungsebene geleitet und dort bewilligt (Bottom-up). 

Abbildung 34: Überblick über die Verfahren der Planung

Ebenen der Planung

Planungsebenen	Merkmale
unternehmenspolitische Rahmenplanung	entwickelt generelle Normen und Regeln, z. B. Unternehmensphilosophie, Leitbild
strategische Planung langfristig (3 bis 5 Jahre)	entwickelt Ziele, die das weitere Fortbestehen oder die Entwicklung des Unternehmens betreffen, z. B. Entwicklung der strategischen Geschäftsfelder (SGE)

→ *siehe Fortsetzung der Ebenen der Planung auf der nächsten Seite*

Planungsebenen	Merkmale
taktische Planung mittelfristig (1 bis 3 Jahre)	bricht die einzelnen Ziele herunter und entwickelt daraus konkrete, umsetzbare Teilziele
operative Planung kurzfristig (bis zu 1 Jahr)	plant die Durchführung der einzelnen Teilziele und Teilpläne, z. B. Produktionsplan, Absatzplan

Tabelle 17: Ebenen der Planung

Einflussfaktoren bei der Planung

Bei der Planung spielen verschiedene Einflussfaktoren eine Rolle. Die internen Einflussfaktoren sind vom Unternehmen selbst beeinflussbar, die externen Einflussfaktoren nicht.

interne Einflussfaktoren *(beeinflussbar)*	externe Einflussfaktoren *(nicht beeinflussbar)*
• Marktanteil des Unternehmens • Motivation der Beschäftigten • Qualifikation der Beschäftigten • technologischer Stand • Wettbewerbsfähigkeit	• Entwicklung des Kapitalmarktes • Handlungsweise der Abnehmer • politische Bestimmungen • Situation auf dem Absatzmarkt • Situation auf dem Arbeitsmarkt

Tabelle 18: Auswahl an internen und externen Einflussfaktoren, die bei der Planung auftreten können

2.1.1 Risikomanagement

Großflächige und langfristige Untersuchungen der Umweltbedingungen sind durch die schnellen Veränderungen in der Wirtschaft unerlässlich. Es lassen sich so Risiken ausfindig machen und geeignete Gegenmaßnahmen entwickeln. Risiken entstehen meist 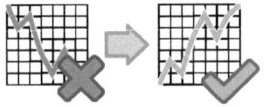 durch einen Mangel an Informationen und Unsicherheiten der zukünftigen Ereignisse. Werden die Risiken nicht ernst genommen oder rechtzeitig erkannt und keine entsprechenden Maßnahmen zur Beseitigung eingeleitet, gefährden sie im schlimmsten Fall die Existenz des Unternehmens.

Ziele des Risikomanagements:
- ✓ mögliche Risiken erkennen
- ✓ Risiken untersuchen und Auswirkungen bewerten
- ✓ entwickeln von Gegenmaßnahmen zur Korrektur/Bewältigung
- ✓ überwachen der Risiken und der Gegenmaßnahmen

Risikoarten und die entsprechenden dazugehörenden Gegenmaßnahmen:
- Risiken, die sich mittels Vorbeugung vermeiden lassen, z. B. über eine FMEA
- Risiken mit geringer Eintrittswahrscheinlichkeit lassen sich über Versicherungen absichern
- Risiken mit hoher Eintrittswahrscheinlichkeit lassen sich über Alternativen wie beispielsweise Plan B absichern

Gefahr identifizieren und beschreiben	Gefahr analysieren, ob sie auftritt oder nicht	Festlegung der Maßnahmen zur Beseitigung der Risiken	Risiken überwachen	Dokumentation der Vorgänge zur Risikobehebung

Abbildung 35: Prozessablauf des Risikomanagements

2.1.2 Strategie-/Ideenfindung

Wenn die Risiken ausfindig gemacht wurden, müssen geeignete Gegenmaßnahmen entwickelt werden, um sie abzuwenden. Dazu stehen mehrere Methoden zur Verfügung.

Methoden der Strategie-/Ideenfindung						
Brainstorming	6-3-5-Methode	Delphi-Methode	Szenario-Technik	Stärken-Schwächen-Analyse	Chancen-Risiken-Analyse	SWOT-Matrix

Abbildung 36: Methoden der Strategie-/Ideenfindung

Brainstorming

Es werden neue, kreative Ideen innerhalb einer Gruppenarbeit gefunden.

✓ alle Ideen aufschreiben ✓ es gibt keine Tabus	✓ Ideen thematisch ordnen und sortieren	✓ Ideen bewerten ✓ Inhalte analysieren ✓ unsinnige Ideen aussortieren	✓ interessante/ relevante Themen inhaltlich aufbereiten	Handlungen ableiten ✓ wer macht was? ✓ mit wem? ✓ bis wann?

Abbildung 37: Phasen des Brainstormings

Vorteile des Brainstormings	Nachteile des Brainstormings
✓ leichte Umsetzung ✓ ermöglicht kreative Ideen ✓ kostengünstig	✗ aufwändige Auswahl der geeigneten Ideen ✗ Gefahr, das Ziel aus den Augen zu verlieren ✗ Ideenqualität ist von Teilnehmern abhängig

Tabelle 19: Vor- und Nachteile des Brainstormings

6-3-5-Methode

Bei dieser Methode erhalten sechs Teilnehmer ein Blatt Papier. Jeder Teilnehmer formuliert zu einer gegebenen Fragestellung drei Ideen. Jedes Blatt wird nach etwa fünf Minuten von allen gleichzeitig weitergereicht. Der nächste Teilnehmer versucht, die aufgeschriebenen Ideen aufzugreifen, zu ergänzen und weiterzuentwickeln.

Vorteile der 6-3-5-Methode	Nachteile der 6-3-5-Methode
✔ ermöglicht ein direktes Feedback ✔ es entstehen viele Ideen in kurzer Zeit ✔ Ideen werden nicht zerredet	✖ schwierige Handhabung ✖ starrer Ablauf behindert die Kreativität ✖ festgelegter Arbeitstakt kann störend sein

Tabelle 20: Vor- und Nachteile der 6-3-5-Methode

Delphi-Methode

Sie ist ein systematisches, mehrstufiges Befragungsverfahren mit Rückkopplung, bei dem mehrere Experten mehrmalig zum gleichen Thema befragt werden.

| Fragebogen zum gewünschten Thema (z. B. Marktentwicklung) entwerfen | Fragebogen von Experten mit Begründungen ausfüllen und zurücksenden lassen | Antworten auswerten, einen Durchschnitt bilden und den Experten vorlegen | Fragebogen erneut von den Experten ausfüllen lassen |

so oft durchführen, bis sich eine eindeutige Meinung herausstellt

Abbildung 38: Phasen der Delphi-Methode

Vorteile der Delphi-Methode	Nachteile der Delphi-Methode
✔ Anwendung von Expertenwissen ✔ schnelles und kostengünstiges Verfahren	✖ Angleichung der Meinungen aufgrund psychologischer Gruppenwirkung ✖ keine Bekanntgabe der Entscheidungen ✖ Verfälschung durch absichtliche Falschaussagen

Tabelle 21: Vor- und Nachteile der Delphi-Methode

Szenario-Technik

Die denkbaren zukünftigen Entwicklungen werden jeweils als Szenario dargestellt, das alle relevanten inneren und äußeren Einflüsse berücksichtigt. Es lassen sich so für jedes einzelne Szenario entsprechende Maßnahmen und Alternativen ableiten.

| Objekt für die Untersuchung festlegen (z. B. Unternehmen, Produkte) | Umfeld darstellen (z. B. Konjunktur, Kundenverhalten) | momentaner Ist-Zustand darstellen | Entwicklungschancen darstellen | mögliche Veränderungen auswählen (z. B. Marktveränderung) | Szenario entwerfen | aus dem erstellten Szenario passende Strategie ableiten |

Abbildung 39: Ablauf zur Erstellung eines Szenarios

Stärken-Schwächen-Analyse

Sie analysiert das eigene, aktuelle Unternehmensprofil und gibt Auskunft über:

- eigene Position am Markt
- Meinungen der Kunden über das Unternehmen
- Qualifizierung der Mitarbeiter und Management
- Qualität der eigenen Produktion
- Vergleich zu anderen Wettbewerbern
- …

Stärken-Schwächen-Analyse

Kriterien	--	-	0	+	++
Marktanteil					
Service					
Bekanntheit					
Image					
Kundendienst					
Qualität					
Lieferzeit					
…					

Abbildung 40: Stärken-Schwä-chen-Analyse

Chancen-Risiken-Analyse

Es werden oft externe Faktoren betrachtet, die vom Unternehmen selbst nicht verändert werden können. Sie spielen jedoch bei der Entwicklung des Unternehmens eine bedeutende Rolle. Die gefundenen Faktoren werden unterteilt in Chancen und Risiken und je nach ihrer Eintrittswahrscheinlichkeit bewertet. Zu jedem Faktor werden entsprechende Maßnahmen abgeleitet, um sie zu nutzen bzw. zu vermeiden.

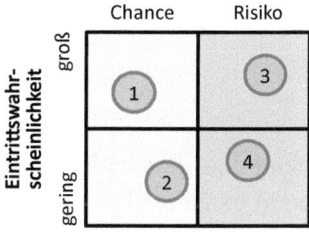

Abbildung 41: Chancen-Risiken-Analyse

> **Beispiel 6: Chancen-Risiken-Analyse**
>
> - Fall 1 ist eine Chance, deren Eintrittswahrscheinlichkeit groß ist
> - Fall 2 ist eine Chance, deren Eintrittswahrscheinlichkeit gering ist
> - Fall 3 ist ein Risiko, dessen Eintrittswahrscheinlichkeit groß ist
> - Fall 4 ist ein Risiko, dessen Eintrittswahrscheinlichkeit gering ist

SWOT-Matrix

Eine Kombination aus Stärken-Schwächen-Analyse und Chancen-Risiken-Analyse. Bei der Entwicklung der späteren Strategie sollten diese Situationen berücksichtigt werden.

- **S**trengths (Stärken) sollten ausgebaut werden
- **W**eaknesses (Schwächen) sollten abgebaut werden
- **O**pportunities (Chancen) sollten genutzt werden
- **T**hreats (Bedrohungen) sollten vermieden werden

Abbildung 42: SWOT-Matrix

> **Beispiel 7: SWOT-Matrix**
>
> - Fall 1 ist eine Stärke, die in der Zukunft zu einer Chance wird → ausbauen und nutzen
> - Fall 2 ist eine Stärke, die in der Zukunft zu einer Bedrohung wird → vermeiden
> - Fall 3 ist eine Schwäche, die in der Zukunft zu einer Chance wird → ausbauen und nutzen
> - Fall 4 ist eine Schwäche, die in der Zukunft zu einer Bedrohung wird → abbauen und vermeiden

Moderator

Er unterstützt die Teilnehmer in einer Gesprächsrunde oder bei der Ideenfindung und sorgt für die organisatorischen Rahmenbedingungen.

Aufgaben eines Moderators:
- Hauptaufgabe: Arbeitsfähigkeit der Gruppe sicherstellen
- leitet die Veranstaltung methodisch, aber nicht inhaltlich
- bringt keine persönlichen Ziele oder Werte mit ein (ist unparteilich und neutral)
- steuert die Redebeiträge (Übereifrige bremsen, Schweigende bewegen und bei Konflikten vermitteln)
- greift wichtige Kernsätze auf, fasst diese zusammen und sorgt für die Visualisierung

2.1.3 Entscheidungsfindung

Sind alle möglichen Risiken ausfindig gemacht und Gegenmaßnahmen getroffen worden, geht es an die Findung der optimalen Entscheidung.

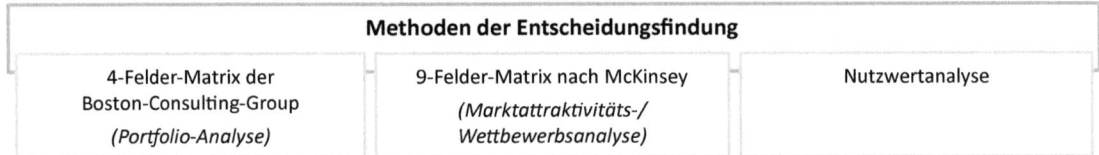

Methoden der Entscheidungsfindung		
4-Felder-Matrix der Boston-Consulting-Group (Portfolio-Analyse)	9-Felder-Matrix nach McKinsey (Marktattraktivitäts-/ Wettbewerbsanalyse)	Nutzwertanalyse

Abbildung 43: Überblick über die Methoden der Entscheidungsfindung

4-Felder-Matrix der Boston-Consulting-Group

Ein Modell mit einem beeinflussbaren, internen Bewertungskriterium (z. B. Marktanteil) und einem externen, nicht beeinflussbaren Kriterium (z. B. Marktwachstum). Der Marktanteil wird in Relation zum führenden Wettbewerber (als 1x dargestellt) gemessen.

Die Größe der Kreise (Bubbles) entspricht dabei dem Umsatz der kompletten SGE (strategische Geschäftseinheit) oder einzelner Produkte.

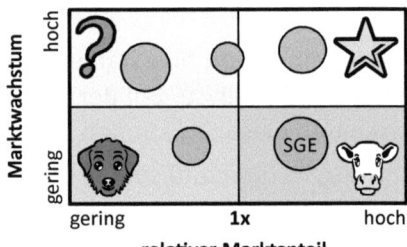

Abbildung 44: Portfolio-Analyse

Stadium		Merkmale	Strategie
Fragezeichen »Question Marks«	?	✗ niedriger relativer Marktanteil ✓ hohes Marktwachstum	bei guten Aussichten investieren, andernfalls aufgeben
Sterne »Stars«	☆	✓ hoher relativer Marktanteil ✓ hohes Marktwachstum	investieren, um den Marktanteil zu vergrößern
Cash-Kühe »Cash-Cows«	🐄	✓ hoher relativer Marktanteil ✗ geringes Marktwachstum	abschöpfen, solange sie Gewinn bringen
Arme Hunde »Poor Dogs«	🐕	✗ niedriger relativer Marktanteil ✗ geringes Marktwachstum	aufgrund der schlechten Wachs- tumsaussichten aufgeben

Tabelle 22: vier Stadien der Marktentwicklung

TIPP ZUM AUSEINANDERHALTEN DER ACHSENBESCHRIFTUNGEN

Das (Markt)Wachstum wächst nach oben, es kommt an die senkrechte Achse.

9-Felder-Matrix nach McKinsey

Das McKinsey-Portfolio besteht aus 9 Feldern, die eine präzisere Aussage ermöglichen als die klassische 4-Felder-Matrix der Boston-Consulting-Group. Betrachtet wird die Marktattraktivität (Unternehmensumfeld) und der relative Wettbewerbsvorteil (Unternehmen) in Bezug auf den stärksten Wettbewerber.

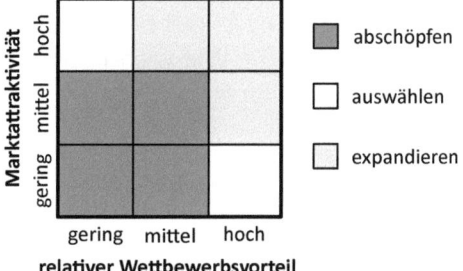

Abbildung 45: Marktattraktivitäts-Wettbewerbs-stärken-Portfolio

Die Produkte oder Bereiche eines Unternehmens werden einem der neun Felder zugeordnet. Jedes Feld verkörpert dabei eine Normstrategie, die eine Empfehlung zum weiteren Vorgehen geben soll. Das Ziel sollte sein, dass der Kapitalbedarf für die Strategie Expandieren durch die Strategie Abschöpfen finanziert wird.

Normstrategien:
- Expandieren (Zone der Mittelbindung): mittlere bis hohe Marktattraktivität und Wettbewerbsvorteile → Investitions- und Wachstumsstrategie
- Auswählen: hohe Marktattraktivität und geringe Wettbewerbsvorteile bzw. hohe Wettbewerbsvorteile und geringe Marktattraktivität → Offensivstrategien, Defensivstrategien und Übergangsstrategien
- Abschöpfen (Zone der Mittelfreisetzung): geringe bzw. mittlere Marktattraktivität und Wettbewerbsvorteile → Abschöpfung und Desinvestition

Kriterien für die Marktattraktivität	Kriterien für den Wettbewerbsvorteil
• Markteintrittsbarrieren • Marktqualität (Rentabilität, Anzahl und Stärke der Wettbewerber) • Marktwachstum und Marktgröße • Umweltsituation (Konjunktur, Gesetzgebung) • Versorgung mit Energie und Rohstoffen	• finanzielle Situation • relative Marktposition und Marktanteil • relative Qualifikation der Beschäftigen • relatives Forschungs- und Entwicklungspotenzial • relatives Produktionspotenzial

Tabelle 23: mögliche Kriterien für die Marktattraktivität und den Wettbewerbsvorteil

Nutzwertanalyse

Ein Verfahren zur Bewertung von Vorhaben, deren Eigenschaften nicht direkt mit einer absoluten Zahl angegeben werden können. Die Eigenschaften werden miteinander verglichen und entsprechend ihrer Wichtigkeit gewichtet. Oftmals wird die Nutzwertanalyse auch als Nutzwertrechnung bezeichnet.

Vorgehensweise bei der Nutzwertanalyse:

1. Ziel bestimmen: Was soll herausgefunden werden? (z. B. neuer Standort)
2. Bewertungskriterien festlegen: Was soll bewertet werden? (z. B. Lage, Infrastruktur)
3. Alternativen beschreiben: Was für Alternativen existieren? (z. B. Stadt, Land)
4. Ziele gewichten: Wie wichtig sind die jeweiligen Ziele? (Gewichtungsfaktor)

 HINWEIS
Bei der Gewichtung sind die Kriterien mit längerfristigen Auswirkungen (z. B. Steuervergünstigungen) den Kriterien mit kurzfristigen bzw. einmaligen Auswirkungen (z. B. Zuschuss beim Grundstückskauf) vorzuziehen bzw. höher zu gewichten.

5. Alternativen mit absoluten Werten bewerten: subjektive Entscheidung
6. Ergebnisse ermitteln: Multiplikation von absolutem Wert mit Gewichtungsfaktor
7. Summe der einzelnen Alternativen bilden: einzelne Ergebnisse aufaddieren
8. Rangfolge bilden: Alternative mit dem höchsten Gesamtnutzen ist umzusetzen

Skalierung	Merkmale
kardinal	umgekehrte Schulnoten (5 = sehr hoch, 1 = sehr niedrig)
nominal	einfachste Form (ja/nein, gut/schlecht)
ordinal	Rangordnungen (1 = ganz schlecht bis 10 = sehr gut)

Tabelle 24: Bewertungsmaßstäbe/-skalierung

Beispiel 8: Nutzwertanalyse *(mit ordinaler Skalierung)*

Nutzwertanalyse für einen neuen Standort

Bewertungskriterium	Gewich-tungsfaktor	Standort »Stadt«		Standort »Land«	
		absolut	gewichtet	absolut	gewichtet
Lohnkosten	8	4	32	6	48
Erweiterungsmöglichke	4	1	4	3	12
Grundstückskosten	5	4	20	6	30
Infrastruktur	8	6	48	2	16
Arbeitsmarkt	6	7	42	3	18
Umweltauflagen	5	4	20	6	30
Summe			**166**		**154**
Rang			**1**		**2**

→ *Da der Standort »**Stadt**« den höheren Nutzwert hat, sollte er ausgewählt werden.*

Hinweis:
Die Zahlen in den Kreisen (1) entsprechen der Vorgehensweise bei der Nutzwertanalyse, wie sie oben beschrieben ist.

2.2 Unternehmensziele

Ziele geben das gewünschte Ergebnis des zukünftigen Handelns vor und sind ein wichtiger Faktor, der zum Unternehmenserfolg beiträgt. Viele Ziele scheitern aufgrund von unklaren oder oft geänderten Anforderungen während der Umsetzung. Um dies zu verhindern, müssen sie sorgfältig, erreichbar und überprüfbar definiert sein.

Daher sollten sie nach der SMART-Formel **formuliert werden:**

- ☑ **S**pezifisch: Ziele müssen klar und eindeutig formuliert sein
- ☑ **M**essbar: Ziele müssen überprüfbar sein
- ☑ **A**kzeptiert: Ziele müssen von den Beteiligten akzeptiert werden
- ☑ **R**ealistisch: Ziele müssen erreichbar sein
- ☑ **T**erminiert: es muss eine Terminvorgabe (Endtermin) definiert sein

Ziele				
Zielarten	**Verhalten zu anderen Zielen**	**Zeitbezug**	**Messbarkeit**	**Rangordnung**
✓ monetär *(geldmäßig z. B. Umsatzsteigerung)* ✓ nicht monetär *(nicht geldmäßig z. B. Qualitätssteigerung)*	✓ komplementär *(Zielerreichung führt auch zur Erreichung eines weiteren Ziels)* ✓ konkurrierend *(Zielkonflikt; Zielerreichung behindert die Erreichung eines weiteren Ziels)* ✓ indifferent *(Zielerreichung hat keine Auswirkung auf das Erreichen eines weiteren Ziels)*	✓ kurzfristig *(bis zu 1 Jahr)* ✓ mittelfristig *(1 bis 3 Jahre)* ✓ langfristig *(3 bis 5 und mehr Jahre)*	✓ Inhalt ✓ Ausmaß ✓ Zeit	✓ Oberziele ✓ Zwischenziele ✓ Unterziele

Abbildung 46: Überblick über die Unterteilung der Ziele

Beispiele für Unternehmensziele:

- ✓ Einstieg in den asiatischen Markt in den nächsten 3 Jahren
- ✓ Erhöhung des Umsatzes um 10 % im nächsten Jahr
- ✓ Steigerung des Images durch neue umweltschonende Produkte

2.3 Unternehmensführung

Es werden Ziele definiert (1), die erreicht werden sollen. In der nächsten Stufe werden Lösungsalternativen entwickelt (2), wie diese Ziele am Besten erreicht werden können. Die Entscheidung (3) fällt für die optimale Lösungsalternative, die die wenigsten Risiken, Kosten, etc. aufweist. Während der Durchführung (4) und auch danach wird überprüft (5), ob die Zielerreichung stattfindet. Sind Abweichungen vorhanden, werden daraus wieder neue Ziele (1) definiert.

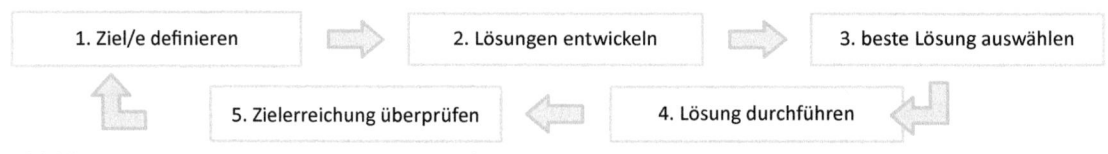

Abbildung 47: Managementprozess als Kreislauf

2.4 persönliche Arbeitsmethodik

Sie ist für die Einhaltung der gesetzten Ziele von hoher Bedeutung. Nur durch eine strukturierte Vorgehensweise lassen sich die Ziele schnell und effizient erreichen und sie hilft, die zur Verfügung stehende Zeit sinnvoll zu nutzen.

persönliche Arbeitsmethodik			
Pareto-Analyse	ALPEN-Methode	ABC-Analyse	Eisenhower-Prinzip

Abbildung 48: Überblick über die Methoden der persönlichen Arbeitsmethodik

Pareto-Analyse (80:20-Regel)

Die bedeutenden Aufgaben sind nur ein kleiner Teil der Gesamtaufgabe: So erreicht man mit lediglich 20 % der investierten Zeit 80 % des Zieles (ähnlich der ABC-Analyse).

ALPEN-Methode

Eine Methode, um sich selbst (mehr) Zeit zu verschaffen.

| A | Aufgaben und Termine aufschreiben | L | Länge der jeweiligen Aktivität abschätzen | P | Pausen fest einplanen | E | Entscheiden nach der jeweiligen Priorität der Aktivität | N | Nachkontrolle, ob alles erfolgreich erreicht wurde |

Abbildung 49: ALPEN-Methode

ABC-Analyse

Sie stammt aus der Materialwirtschaft und unterteilt die anfallenden Aufgaben nach ihrer Wichtigkeit. Sie hilft, sich auf das Wesentliche zu fokussieren:

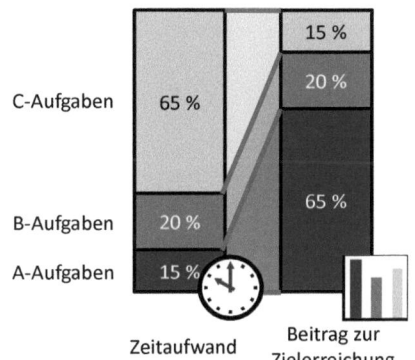

Abbildung 50: ABC-Analyse

- wichtige **A-Aufgaben** mit geringem Zeitaufwand und hoher Zielerreichung sollten sofort selbst erledigt werden

- **B-Aufgaben** mit mäßigem Zeitaufwand und mäßiger Zielerreichung können selbst erledigt oder delegiert werden

- weniger wichtige **C-Aufgaben** mit hohem Zeitaufwand und geringer Zielerreichung sollten an Mitarbeiter delegiert werden

Eisenhower-Prinzip

Alle anfallenden Aufgaben werden nach dem Grundsatz **Wichtigkeit vor Dringlichkeit** klassifiziert:

Abbildung 51: Eisenhower-Prinzip

- **A-Aufgaben** sind wichtig und dringend (sofort selbst erledigen)
- **B-Aufgaben** sind wichtig, aber nicht dringend (einplanen oder delegieren)
- **C-Aufgaben** sind weniger wichtig, aber dringend (delegieren)
- **D-Aufgaben** sind weder wichtig noch dringend (nicht weiter beachten)

3 ORGANISATION

Die Organisation befasst sich mit dem Zuordnungen von Auf-
gaben, Rechten und Pflichten zu Inhabern von Stellen und ist
gekennzeichnet durch Regeln mit Strukturwirkung.

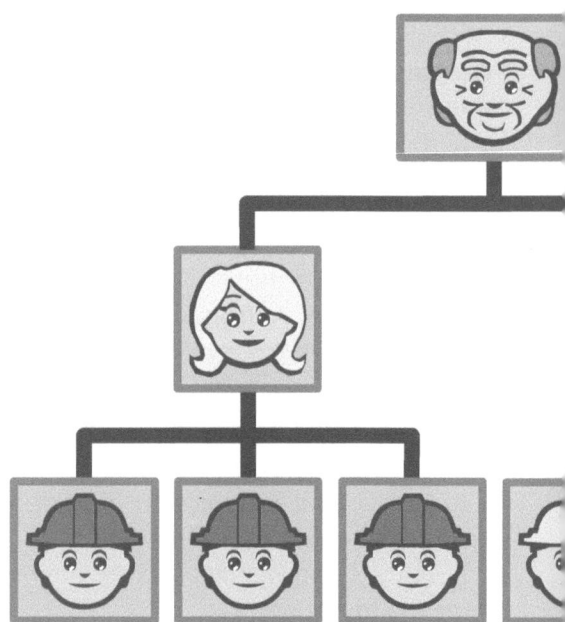

3.1 Analyse-Synthese-Konzept

Aufgabenanalyse

Die bisherigen Aufgaben werden schrittweise in einzelne sinnvolle Elementaraufgaben (Teilaufgaben) zerlegt. Die Gliederung kann dabei nach sachlichen oder formalen Kriterien erfolgen.

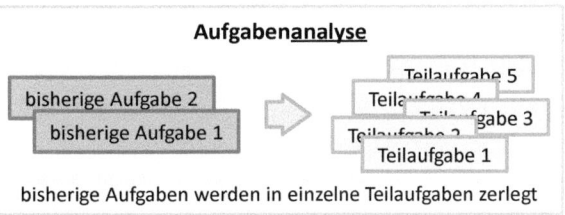

Abbildung 52: Schema der Aufgabenanalyse

Gliederungskriterien	Merkmale	
Objekt	Gesamtaufgabe wird nach dem Objekt (z. B. Gegenstand, Personen, Regionen) unterteilt, z. B. Rohstoffe, Erzeugnisse, Personen, Märkte	sachlich
Verrichtung	Gesamtaufgabe wird in Tätigkeiten oder Arbeitsarten unterteilt, z. B. Fertigung, Montage, Vertrieb	
Phase	Gesamtaufgabe wird anhand der drei Phasen »Planung«, »Durchführung« und »Kontrolle« unterteilt	
Rang	Gesamtaufgabe wird nach der Wichtigkeit der Teilaufgaben in »ausführend«, »entscheidend« oder »leitend« unterteilt	formal
Zweck	Gesamtaufgabe wird je nach Verbindung mit der betrieblichen Tätigkeit unterteilt, z. B. Produktion (direkte Verbindung) oder Verwaltung (keine direkte Verbindung)	

Tabelle 25: Gliederungskriterien der Aufgabeanalyse

Ist-Zustand	Analyse	Ursachenforschung	Verbesserungen
beschreiben des aktuellen Ist-Zustandes	untersuchen und herausarbeiten der Probleme	suchen der Ursachen der festgestellten Problemen	entwerfen von Verbesserungsmöglichkeiten

Abbildung 53: Ablauf der Aufgabenanalyse

Aufgabensynthese

Die Aufgabensynthese baut auf den Ergebnissen der Aufgabenanalyse auf. Die einzelnen Teilaufgaben aus der Aufgabenanalyse werden wieder zu wirtschaftlichen Aufgaben zusammengefügt, die anschließend einer Stelle zugeordnet werden.

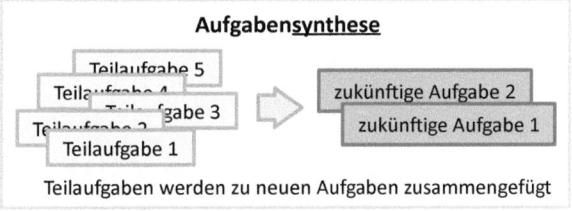

Abbildung 54: Schema der Aufgabensynthese

Arten der Synthese	Merkmale
personal	fasst passende Teilaufgaben zusammen und teilt diese unter einer optimalen Auslastung von Mensch und Arbeitsmitteln einer Stelle zu
temporal (zeitlich)	die einzelnen Leistungen werden zeitlich so angepasst, dass für die Produkte eine möglichst kurze Durchlaufzeit entsteht
lokal	geht auf die optimale räumliche Gestaltung und Anordnung der einzelnen Arbeitsplätze ein

Tabelle 26: Arten der Aufgabensynthese

Initiierung	Analyse	Gestaltung	Implementierung	Kontrolle
Problemerkennung	Feststellung der Mängel	Ausarbeitung der Planung	Einführung der Maßnahmen	

Abbildung 55: Ablauf der Aufgabensynthese

3.2 Betriebsorganisation

Organisieren unterstützt die Zielerreichung. So bestimmt beispielsweise die Betriebsorganisation, wie die vorhandenen Arbeitskräfte, Arbeitsmittel und Arbeitsstoffe miteinander verbunden werden, um das Unternehmensziel wirtschaftlich zu erfüllen. Es sollte dabei ständig überprüft werden, ob die Aufbau- und Ablauforganisation noch in der Lage sind, das angestrebte Unternehmensziel zu erreichen (Regelkreis).

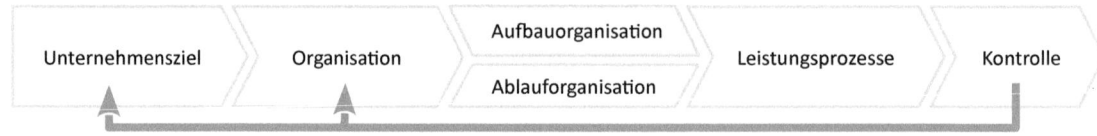

Abbildung 56: Schema der Organisation als Regelkreis

Grundsätze der optimalen Betriebsorganisation:
- ☑ einfacher, transparenter und wirtschaftlicher Aufbau
- ☑ ist flexibel, um sich schnell an Veränderungen anzugleichen
- ☑ richtet sich am Unternehmensziel aus
- ☑ sichert den Fortbestand des Unternehmens

Art der Aufgaben	Merkmale
gestaltungsbezogen	alles, was mit der organisatorischen Durchführung in Verbindung steht
verhaltensbezogen	versucht, die betrieblichen Ziele an die Mitarbeiterziele anzugleichen
prozessbezogen	alles, was mit der Planung, Gestaltung und Kontrolle der Prozesse im Unternehmen zu tun hat

Tabelle 27: Art der Aufgaben der betrieblichen Organisation

Unterscheidung der Regelungen

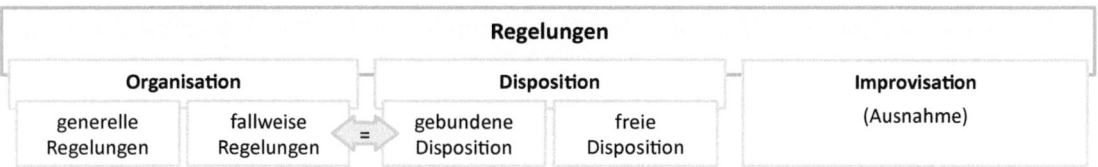

Abbildung 57: Überblick über die Unterscheidungen der Regelungen

- Organisation legt Regelungen fest:
  - generelle Regelungen wiederholen sich, haben über eine längere Zeit bestand, sind für alle gültig und bieten keinen Entscheidungsfreiraum
  - fallweise Regelungen sind nur über einen bestimmten Zeitraum gültig und erlauben Entscheidungen in einem fest definierten Entscheidungsfreiraum

- Disposition ist weiter gefasst und lässt bestimmte Entscheidungen zu:
  - gebundene Disposition ermöglicht Entscheidungen innerhalb eines fest definierten Entscheidungsfreiraumes (entspricht den fallweise Regelungen)
  - freie Disposition ermöglicht komplett freie Entscheidungen ohne Einschränkungen

- Improvisation ermöglicht, dass in manchen Situationen freie Entscheidungen spontan getroffen werden können, für die keine bestimmten Regelungen existieren (häufig in Notsituationen, um größere Schäden zu verhindern)

3.2.1 Organisationsprozess

Die Neu- bzw. Umorganisation findet in zwei Phasen statt, in denen alle wichtigen Erkenntnisse und Maßnahmen erarbeitet werden. Ein Entscheidungsgremium wie bspw. der Vorstand oder Projektausschuss trifft am Ende die Entscheidung, ob das Organisationsprojekt durchgeführt wird.

Vorstudie	Hauptstudie
✓ ausfindig machen der Probleme	✓ planen der Aufgaben (Was?)
✓ untersuchen der Probleme	✓ planen des Personals (Wer?)
✓ suchen nach Alternativen	✓ planen der Termine (Bis wann?)
✓ abschätzen des Erfolges	✓ ergänzende Planungen
✓ beurteilen der Risiken	✓ festhalten der Planungsergebnisse
✓ finden der Entscheidung	

Abbildung 58: Ablauf des Organisationsprozesses

3.2.2 Aufbauorganisation

Sie bestimmt den Betriebsaufbau für Organisationseinheiten (Stellen) sowie die Zuständigkeiten untereinander (gestalterische Aufgabe) und legt die Aufgaben, Kompetenzen und Verantwortungsinhalte der jeweiligen Organisationseinheiten fest (strukturelle Aufgabe).

Zentralisation

Bestimmte Aufgaben werden von einer zentralen Einheit im Unternehmen ausgeführt. Hat ein Unternehmen mehrere Teilwerke, so können bestimmte Organisationsbereiche (z. B. die Personalabteilung oder der Einkauf) zusammengelegt werden.

Vorteile der Zentralisation	Nachteile der Zentralisation
✓ höhere Ausnutzung der vorhandenen Ressourcen und Kapazitäten ✓ identische Entscheidungen, Regelungen und Vorgänge ✓ Spezialisierung möglich	✗ Gefahr von Überorganisation ✗ schleppende Entscheidungen ✗ Überforderung der zentralen Einheit ✗ wenig flexibel

Tabelle 28: Vor- und Nachteile der Zentralisation

Dezentralisierung

Bei der Dezentralisation erledigt jedes Teilwerk des Unternehmens seine Aufgaben selbst. Jedes Teilwerk hat z. B. seine eigene Personalabteilung und seinen eigenen Einkauf. Diese Art wird vermehrt angewendet, da hierbei besser reagiert werden kann.

Vorteile der Dezentralisation	Nachteile der Dezentralisation
✓ schnelle Entscheidungen möglich ✓ flexibel	✗ schlechte Ausnutzung der vorhandenen Ressourcen und Kapazitäten ✗ teilweise unterschiedliche Entscheidungen, Regelungen und Vorgänge

Tabelle 29: Vor- und Nachteile der Dezentralisation

Organisationsdiagramm (Organigramm)

Eine bildliche Darstellung aller im Unternehmen existierenden Stellen. Aus ihm können die Namen der Stellen, deren Inhaber sowie Beziehungen und Zugehörigkeit zu bestimmten Bereichen (Abteilungen) abgelesen werden. Je nach Unternehmensgröße wird das gesamte Organigramm auch in mehrere Teilorganigramme unterteilt, die jeweils nur einzelne Hierarchieebenen aufzeigen. Es kann dabei horizontal oder vertikal dargestellt werden.

- **vertikale Darstellung (↓)**

  Die Hierarchieebenen sind untereinander, gleichrangige Stellen sind nebeneinander angeordnet. Je weiter oben eine Stelle abgebildet ist, desto höher ist und mehr Verantwortung trägt sie: Der Vorstand oder die Geschäftsleitung stehen oben, die ausführenden Beschäftigten unten.

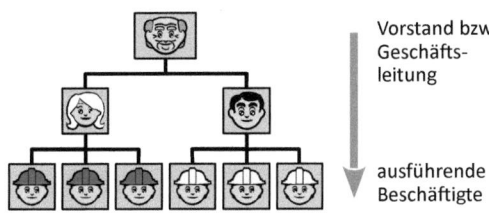

Abbildung 59: vertikales Organigramm

- **horizontale Darstellung (→)**

  Die Hierarchieebenen sind nebeneinander, gleichrangige Stellen sind untereinander angeordnet. Je weiter links eine Stelle abgebildet ist, desto höher ist und mehr Verantwortung trägt sie: Der Vorstand oder die Geschäftsleitung stehen links, die ausführenden Beschäftigten rechts.

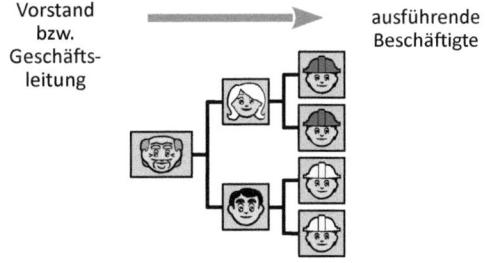

Abbildung 60: horizontales Organigramm

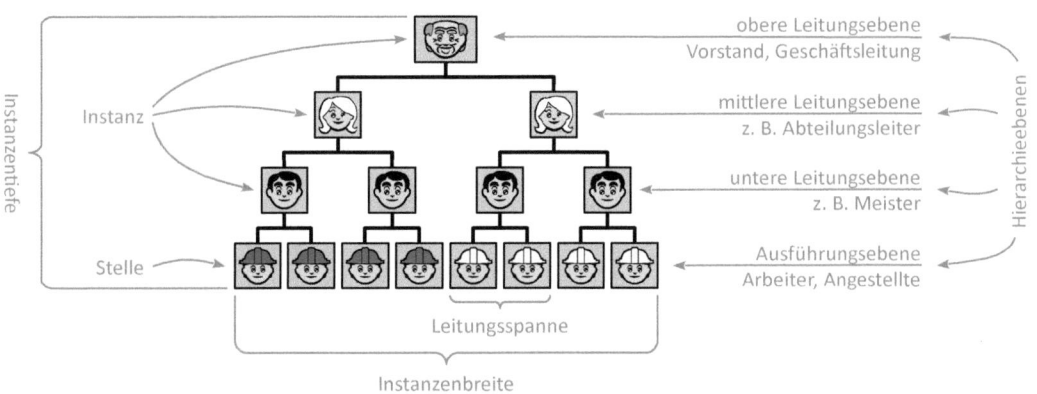

Abbildung 61: möglicher Instanzenaufbau

Begriffe	Merkmale
Ausführungsebene	Stellen ohne Weisungsbefugnis
Hierarchie	Rangordnungen der einzelnen Stellen auf verschiedenen Ebenen
Instanz	Stelle mit Weisungsbefugnis an unterstellte Stellen
Instanzenbreite	Anzahl an Stellen pro Hierarchieebene
Instanzentiefe	Anzahl der einzelnen Hierarchieebenen
Leitungsspanne	Anzahl der direkt unterstellten Beschäftigten

Tabelle 30: Begriffe des Organigramms

3.2.3 Leitungssysteme in Unternehmen

Leitungssysteme legen fest, wie die Weisungen von den oberen Stellen an die unteren Stellen gelangen.

Leitungssysteme in Unternehmen

Linienorganisation	**Spartenorganisation**	**Matrixorganisation**
(funktionale Organisation)	*(Divisionalorganisation)*	✓ Matrixorganisation
✓ Einliniensystem	✓ mit Zentraleinheiten	✓ Tensororganisation
✓ Stab-Liniensystem	✓ Produktorganisation	
✓ Mehrliniensystem	✓ Projektorganisation	

Abbildung 62: Überblick über die Leitungssysteme in Unternehmen

Linienorganisation

Es existiert eine gerade und eindeutige Linie von oben nach unten. Jeder Beschäftigte hat einen Vorgesetzten, von dem er Weisungen bekommt. Instanzen auf der gleichen Hierarchieebene müssen sich beim Austausch an ihre nächst höhere Instanz wenden.

Einliniensystem

Das klassische Leitungssystem: Es ist einfach aufgebaut, da jeder Beschäftigte nur einen Vorgesetzten hat, von dem er Weisungen bekommen kann. Das Einliniensystem stößt schnell an seine Grenzen und ist daher für große Unternehmen nicht geeignet, wird aber bei Projekten oder teilautonomen Gruppen häufig verwendet.

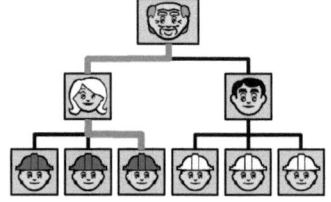

Abbildung 63: Einliniensystem

Vorteile des Einliniensystems	**Nachteile des Einliniensystems**
✓ eindeutige Zuständigkeiten	✗ Überlastung bei weiter Leitungsspanne
✓ einfache Organisation	✗ umständliche und starre Wege (unflexibel)

Tabelle 31: Vor- und Nachteile des Einliniensystems

Stab-Liniensystem

Besondere Instanzen bekommen zusätzliche Stellen (Stabsstellen) ohne fachliche und disziplinarische Weisungsbefugnis, die die eigentliche Instanz unterstützen sollen, z. B. Assistenten. Stabsabteilungen sind spezialisierte Bereiche ohne fachliche und disziplinarische Weisungsbefugnis, z. B. eine Rechtsabteilung. Stabsstellen werden als Oval neben der Stelle dargestellt, der sie zugeordnet sind.

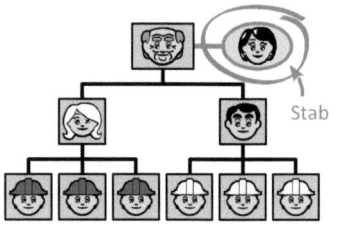

Stab

Abbildung 64: Stab-Liniensystem

Vorteile des Stab-Liniensystems	Nachteile des Stab-Liniensystems
✓ eindeutige Zuständigkeiten ✓ einfache Organisation ✓ gut ausgearbeitete Entscheidungsvorlagen ✓ Linienstelle muss sich nicht ständig um neueste Informationen kümmern	✗ Ausnutzung der Macht aufgrund des großen Wissens ✗ Manipulation der Linienstelle ✗ Stabsstellen sind teuer

Tabelle 32: Vor- und Nachteile des Stab-Liniensystems

Mehrliniensystem

Die Grundlage bildet das Einliniensystem, d.h. ein Beschäftigter hat einen Vorgesetzten, von dem er disziplinarische Weisungen (senkrechte und waagrechte Linien im Organigramm) erhält. Im Unterschied zum Einliniensystem hat er aber mehrere Fachvorgesetzte, die ihm fachliche Weisungen (diagonale Linien im Organigramm) erteilen können.

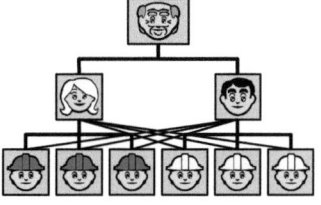

Abbildung 65: Mehrliniensystem

Vorteile des Mehrliniensystems	Nachteile des Mehrliniensystems
✓ gute Koordination der personellen Kapazitäten ✓ schnelle und direkte Informationswege ✓ Synergien können entstehen	✗ keine eindeutige Aufgabenerteilung ✗ Kompetenzstreitigkeit bei den Vorgesetzten ✗ unterschiedliche Erwartungshaltungen der jeweiligen Vorgesetzten

Tabelle 33: Vor- und Nachteile des Mehrliniensystems

Spartenorganisation (Divisionalisierung)

Einzelne Produktbereiche (Sparten) werden als eigenständige Einheiten geleitet. Bestimmte Abteilungen, die für alle Sparten zuständig sind, werden als Zentraleinheit ausgegliedert (z. B. Personalabteilung). Diese können als Costcenter (<u>Budget</u> zur Zielerreichung ist fest vorgegeben) oder als Profitcenter (ausschlaggebende Kennzahl ist der <u>Gewinn</u>) geführt werden.

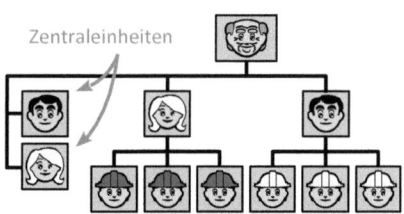

Abbildung 66: Spartenorganisation

Vorteile der Spartenorganisation	Nachteile der Spartenorganisation
✓ klare Verantwortung ✓ schnelle Anpassung an neue Gegebenheiten ✓ unternehmerisches Handeln wird entwickelt	✗ eventuelle Doppelarbeiten ✗ Konflikte zwischen Unternehmens- und Spartenzielen ✗ mangelnde Zusammenarbeit zwischen den einzelnen Sparten

Tabelle 34: Vor- und Nachteile der Spartenorganisation

Produktorganisation

Eine Variante der Spartenorganisation, bei der das Unternehmen nach Produkten geglie-dert ist (häufig in der Automobilindustrie).

Projektorganisation

Eine Variante der Spartenorganisation, bei der einzelne Sparten eines Unternehmens als Projekte geführt sind.

NICHT VERWECHSELN:
- ✔ **Projekt<u>organisation</u>**: <u>Teilbereiche</u> eines Unternehmens werden als Projekt geführt
- ✔ **Projekt<u>managementorganisation</u>**: wie <u>Projekte</u> im Organigramm eingegliedert werden

---

Matrixorganisation

Erweitert die objektorientierte Spartenorganisation, indem gemeinsame Funktionsbereiche (gemeinsame Abteilun-gen der Sparten, z. B. Personalverwaltung) ausgegliedert werden. Das Besondere an einer Matrixorganisation ist, dass der Spartenleiter (vertikal) und der Funktionsbe-reichsleiter (horizontal) gleichberechtigt sind und sie sich bei Entscheidungen einigen müssen (Einigungszwang).

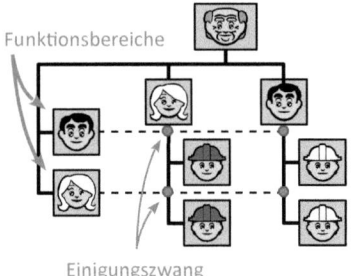

Funktionsbereiche

Einigungszwang

Abbildung 67: Matrixorganisation

Vorteile der Matrixorganisation	Nachteile der Matrixorganisation
✔ Abbau des Sparten- oder Funktionsdenkens aufgrund des Einigungszwangs	✖ langwierige Entscheidungsfindung ✖ erhöhtes Konfliktaufkommen

Tabelle 35: Vor- und Nachteile der Matrixorganisation

3.2.4 Ablauforganisation

In der Ablauforganisation (Prozessorganisation) werden Regelungen für den Betriebsablauf sowie Kompetenzen und Zuständigkeiten zwischen den einzelnen Organisationseinheiten festgelegt.

Ziele der Ablauforganisation:
- ✔ Arbeitsplätze menschengerechter einrichten
- ✔ Bearbeitungszeiten verkürzen, um damit Kosten zu sparen
- ✔ vorhandene Kapazitätsnutzung verbessern

Arbeitsanalyse

Die bisherigen Arbeitsgänge werden in viele kleine Gangelemente zerlegt. Es werden so die einzelnen Verrichtungen, beteiligte Stellen sowie der Bearbeitungsablauf sichtbar und können neu strukturiert werden.

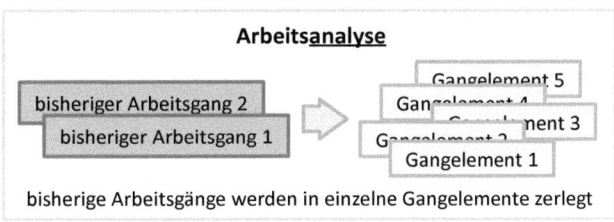

Abbildung 68: Schema der Arbeitsanalyse

Arbeitssynthese

Die Arbeitssynthese baut auf den Ergebnissen der Arbeitsanalyse auf. Die einzelnen Gangelemente aus der Arbeitsanalyse werden wieder zu zeitlich, räumlich und kostenmäßig optimalen Abläufen zusammengefügt, die anschließend einer Aufgabe zugeordnet werden.

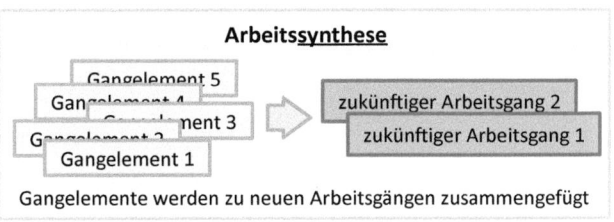

Abbildung 69: Schema der Arbeitssynthese

NICHT VERWECHSELN
- **Aufgabenanalyse**: *zerlegt die Gesamtaufgabe in einzelne Teilaufgaben*
- **Arbeitsanalyse**: *zerlegt die Teilaufgaben in einzelne Gangelemente*

Arbeitsabläufe

Um die Arbeitsabläufe neu und optimal zu gestalten, muss herausgefunden werden, welche und wie oft die einzelnen Stellen bei der Ausführung einer Aufgabe erforderlich sind und was für eine Bearbeitungszeit sie dafür benötigen.

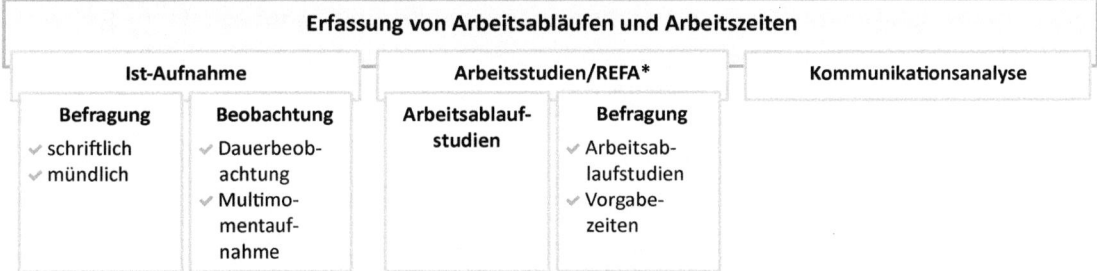

Abbildung 70: verschiedene Verfahren zur Erfassung des Ist-Zustandes von Arbeitsabläufen und -zeiten

*REFA = REFA-Verband für Arbeitsgestaltung, Betriebsorganisation und Unternehmensentwicklung

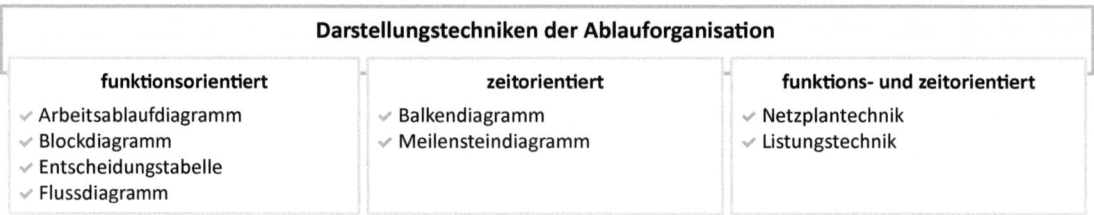

Darstellungstechniken der Ablauforganisation

funktionsorientiert	zeitorientiert	funktions- und zeitorientiert
✓ Arbeitsablaufdiagramm ✓ Blockdiagramm ✓ Entscheidungstabelle ✓ Flussdiagramm	✓ Balkendiagramm ✓ Meilensteindiagramm	✓ Netzplantechnik ✓ Listungstechnik

Abbildung 71: Darstellungstechniken der Ablauforganisation

Arbeitsablaufdiagramm

Es stellt die funktionale (verrichtungsorientierte) Abhängigkeit eines Arbeitsablaufes dar. Bedingt durch die Verbindung Tabelle und Grafik können nur lineare Arbeitsabläufe dargestellt werden.

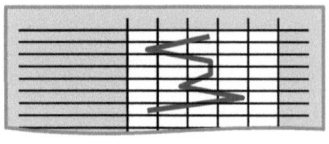

Abbildung 72: Arbeitsablaufdiagramm

Blockdiagramm

Es stellt eine Variante des Arbeitsablaufdiagramms dar. Es werden alle an einem Arbeitsablauf beteiligte Stellen in Spalten eingetragen. Die einzelnen Objekte und Tätigkeiten werden als Block dargestellt und durch Flusslinien entsprechend dem Arbeitsablauf miteinander verknüpft.

Entscheidungstabelle

Sie sind eine Möglichkeit, komplexe Regelwerke übersichtlich, vollständig und widerspruchsfrei darzustellen.

Abbildung 73: Entscheidungstabelle

Flussdiagramm

Es stellt Abläufe dar, die sich an der Verrichtung orientierten. Der Start bzw. Ende eines Ablaufes werden als Ellipse (ovaler Kreis) dargestellt. Die einzelne Tätigkeiten (Rechteck) stehen untereinander und werden mit Pfeilen verbunden. Verzweigungen werden durch eine Raute symbolisiert. Die Ja-Zweige werden vertikal (nach unten), die Nein-Zweige horizontal (nach rechts) dargestellt.

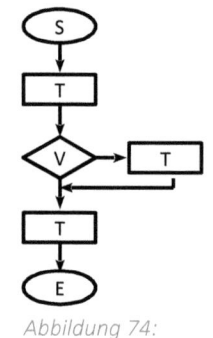

Abbildung 74: Flussdiagramm

Start/Ende	Tätigkeit	Verzweigung	Zusammenführung
⬭	▭	◇ nein / ja	↵

Tabelle 36: Symbole für Flussdiagramme nach DIN 66006

Balkendiagramm

Die Vorgänge eines Projektes werden in einem zweidimensionalen Balkendiagramm (Gantt-Chart) dargestellt: Die X-Achse beschreibt die Zeit, die Y-Achse die Vorgänge und die Balkenlänge entspricht der Dauer des Vorgangs. Durch Einbringen zusätzlicher Aspekte (z. B. Pufferzeiten oder Meilensteine) kann der Informationsgehalt erhöht werden.

Meilensteindiagramm/-plan

Ein Meilenstein ist ein „Ereignis besonderer Bedeutung" im Projektablauf. Ein wesentlicher Bestandteil eines Meilensteins ist die Termineinhaltung. Ein guter Meilenstein sollte für alle Beteiligten verständlich und kontrollierbar sein. In einem Projekt sollten etwa 10 bis 15 Meilensteine in angemessenen Zeitabständen die wichtigen Ereignisse angeben.

Netzplantechnik

Sie erlaubt auch bei komplexen Projekten mit vielen vernetzten Abläufen und Terminvorgängen eine übersichtliche Darstellung. Durch den speziellen Aufbau können Änderungen einfach durchgeführt werden.

Ablauf für die Erstellung eines Netzplanes:
1. entwerfen des Projektstrukturplans (PSP)
2. entwerfen der Abfolge der Vorgänge
3. entwerfen der Struktur (vorerst noch ohne Zeiten)
4. errechnen der Zeiten:
    1. Vorwärtsterminierung (vom Start zum Ende)
    2. Rückwärtsterminierung (vom Ende zum Start)
    3. Pufferzeiten (SAZ – FAZ bzw. SEZ – FEZ)
    4. kritischer Pfad (alle Knoten mit Puffer 0)

Vorgangsnummer		
Vorgangsbezeichnung		
früheste Anfangszeit (FAZ)	Dauer des Vorgangs	früheste Endzeit (FEZ)
späteste Anfangszeit (SAZ)	Zeitpuffer (SAZ – FAZ)	späteste Endzeit (SEZ)

Abbildung 75: Aufbau eines Vorgangsknotens

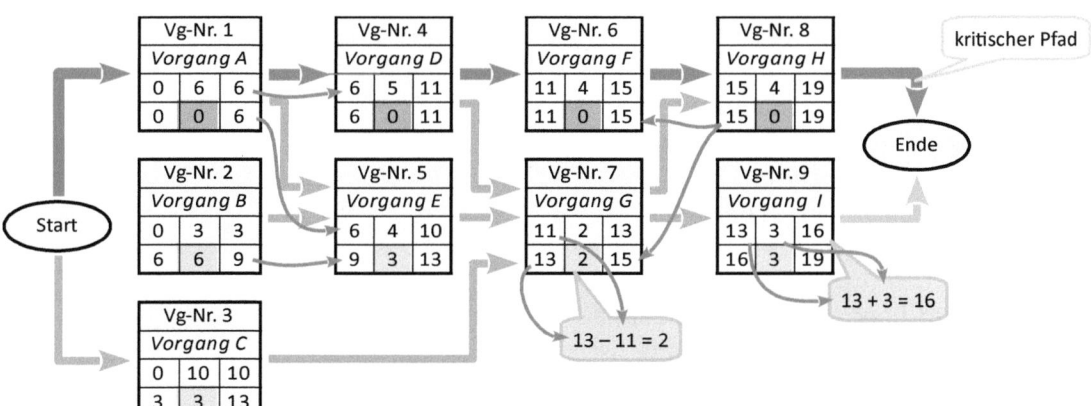

Abbildung 76: beispielhafter Aufbau eines Netzplanes

→ siehe Informationen zum kritischen Pfad auf der nächsten Seite

> **kritischer Pfad/kritischer Weg**
> *Befindet sich zwischen frühester und spätester Anfangszeit (bzw. frühester und spätester Endzeit) kein zeitlicher Puffer (Puffer = 0), so bilden diese Vorgänge den kritischen Pfad (in der Abbildung 76 als rote Pfeile dargestellt). Dauert einer dieser Vorgänge länger als geplant, so kann der Endtermin nicht mehr gehalten werden. Das Projekt verzögert sich ohne entsprechende Gegenmaßnahmen um diese Zeit.*

Phasen der Organisation

Sie entsprechen den Phasen des Managementprozesses.

Auslösung (Initiierung)	Analyse	Gestaltung (Grob-/Feinplanung)	Einführung (Implementierung)	Überwachung
Ausgangspunkt ist immer die Problemerkennung	finden der Schwachstellen und formulieren der Anforderungen an das neue System	gedankliche Entwicklung der einzelnen Bausteine des neuen Systems bis zur Realisierung	das neue System muss im Unternehmen umgesetzt werden	Kontrolle, ob das angestrebte Ziel erreicht wurde

Abbildung 77: Phasen der Organisation

klassisches 4-Phasen-Modell

Ein einfaches und einprägsames Phasen-Modell ohne die Phase der »Initiierung« (Auslösung).

Es besteht aus den 4 Phasen:

1. in der Ist-Aufnahme wird der aktuelle Stand aufgenommen
2. dieser Stand wird in der kritischen Analyse ausgiebig auf Schwachstellen untersucht
3. aus den gewonnenen Erkenntnissen wird ein gewünschter bzw. angestrebter Soll-Vorschlag erarbeitet
4. der Soll-Vorschlag wird in der Realisierung umgesetzt

Am Ende wird überprüft, ob die Realisierung des Soll-Vorschlages endgültig ist. Wenn ja, ist der Prozess abgeschlossen, wenn nicht, wird wieder ein neuer Prozess mit einer Ist-Aufnahme gestartet.

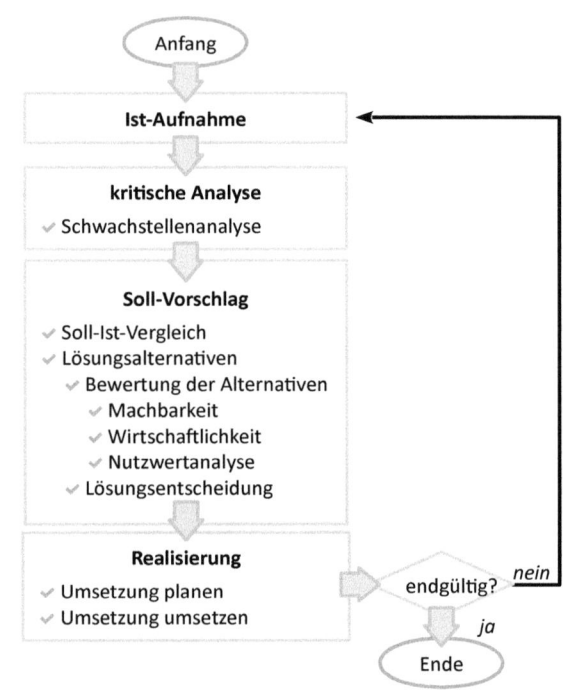

Abbildung 78: klassisches 4-Phasen-Modell

4-Phasen-Modell nach Remer

Die Schwierigkeiten treten oft in der Realisierung auf. Das Organisieren soll nicht nur ein neues Soll erreichen, sondern auch die Qualität der Prozesse verbessern.

- Die Konzipierung enthält die Problembestimmung und Lösungssuche und entspricht somit dem klassischen Modell.

- Die zweistufige Realisierung stellt Regeln auf (Institutionalisierung) und beschreibt das Handeln (Implementierung).

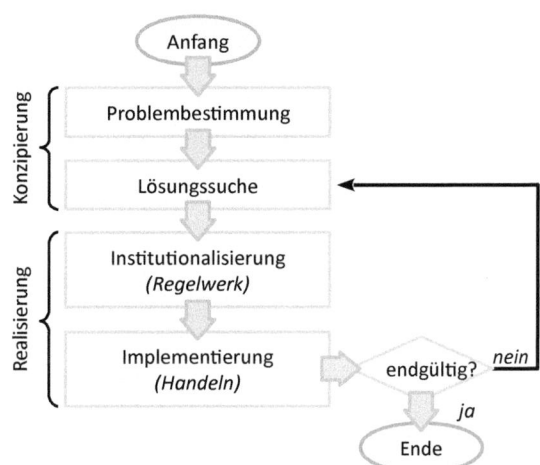

Abbildung 79: 4-Phasen-Modell nach Remer

Ablauf der Prozessorganisation

Die Prozessorganisation läuft in den folgenden sechs Phasen ab:

1. Analyse der bestehenden Prozesse	2. Planen der zukünftigen Prozesse	3. Gestalten der zukünftigen Prozesse	4. Strukturieren der zukünftigen Prozesse	5. Einführen der zukünftigen Prozesse	6. Kontrolle der zukünftigen Prozesse

Abbildung 80: Phasen des Ablaufes der Prozessorganisation

Organisationsverfahren

Werkzeuge der Organisation, bestehend aus:

- Organisationsmethoden sind Instrumente der Aufbau- und Ablauforganisation
- Organisationstechniken umfassen Hilfsmittel für die Problemlösung

3.2.5 Konzepte der Neu-/Reorganisation

Konzepte der Neu-/Reorganisation			
kooperative Konzepte	Lean-Konzepte	Team-Konzepte	wertschöpfende Konzepte

Abbildung 81: Überblick über die Konzepte der Neu-/Reorganisation

kooperative Konzepte

Mehrere rechtlich und wirtschaftlich selbstständige Unternehmen gehen auf eine Kooperation (Zusammenarbeit) ein. Die beteiligten Unternehmen bleiben dabei weiterhin rechtlich und wirtschaftlich selbstständig.

Ziele einer Kooperation:
- ✓ Kosten reduzieren (z. B. durch gemeinsame Entwicklung oder Vertrieb)
- ✓ neue Märkte besiedeln
- ✓ verlängern der Produktlebenszyklen und schnelle Reaktion auf Trends

Kooperationen	Merkmale
strategische Allianz	• formale Beziehung zwischen mehreren Unternehmen, um gemeinsame Ziele zu erreichen • beteiligte Unternehmen steuern bestimmte Ressourcen (Kapital oder Produktionsfaktoren) bei, die von allen gemeinsam im Rahmen der Allianz genutzt werden
Joint Ventures	• eine gemeinsame Tochtergesellschaft von mindestens zwei rechtlich und wirtschaftlich getrennten Unternehmen • wird meistens angewandt, um in ausländische Märkte einzusteigen

Tabelle 37: Arten einer Kooperation

lernende Organisation

Eine Organisation, die für sich eine Grundlage schafft, um bei Veränderungen von außen schnell geeignete Maßnahmen durchführen zu können:

- beim Anpassungslernen (Single-Loop-Learning) werden nur die Tätigkeiten und das Verhalten an die veränderte Umgebung angeglichen
- beim Veränderungslernen (Double-Loop-Learning) werden nicht nur die Tätigkeiten und das Verhalten, sondern auch die Unternehmensziele und -grundsätze an die veränderte Umgebung angeglichen
- beim Prozesslernen (Deutero-Learning) werden alle Resultate der Veränderungsprozesse ständig überprüft, ob die angewandten Methoden noch zielbringend sind

Lean-Konzepte

Sie sollen die bestehende Organisation verschlanken, um die Produktivität, Rentabilität und Effizienz zu erhöhen.

- Lean-Management (schlankes Management) liefert neue Denkansätze zur Neustrukturierung des gesamten Unternehmens. Die Prinzipien sind: den Wert aus Sicht des Kunden definieren, den Wertstrom identifizieren, das Fluss-Prinzip umsetzen, das Pull-Prinzip einführen und Perfektion anstreben. Dazu werden Methoden wie die Wertstromanalyse oder Kennzahlsysteme angewendet und die Beschäftigten mit einbezogen.
- Lean-Production (Lean Manufacturing bzw. schlanke Produktion) richtet das Augenmerk in der Produktion auf die Wertschöpfung (wofür der Kunde bereit ist zu bezahlen), um Verschwendungen (wofür der Kunde nicht bereit ist zu bezahlen) aufzudecken und zu

vermeiden. Die <u>Gestaltungsprinzipien</u> sind: Vermeidung von Verschwendungen, kontinuierlicher Verbesserungsprozess (KVP), Standardisierung, Null-Fehler-Prinzip, Fließprinzip, Pull-Prinzip, Mitarbeiterorientierung, zielorientierte Führung und visuelles Management.
- **Lean-Development** (schlanke Produktentwicklung) wendet die Prinzipien des Lean-Productions auf den Produktentstehungsprozess an. <u>Ziele</u> sind Effektivität, Effizienz und Befähiger (nötige Fähigkeiten für einen effektiven und effizienten Produktentstehungsprozess).

Teilziele der Lean-Konzepte:
- erhöhen der Produktivität
- minimieren der Personalkosten durch verkleinerte Hierarchie (Abbau von Stellen)
- verbessern der Flexibilität durch Einführung von Gruppenarbeit
- ständiges Optimieren der Prozesse und Zustände mittels KVP (kontinuierlicher Verbesserungsprozess)

 Siehe auch unter 4.2 Kaizen auf Seite 83.

Team-Konzepte

Ein Team bekommt alle Entscheidungsfreiräume, die es zur selbstständigen Erfüllung der ihm übertragenen Aufgabe benötigt.

Elemente des Team-Konzepts:
- mehrere Beschäftigte arbeiten als Teamarbeit an einer bestimmten Aufgabe (durch die daraus entstehenden Synergien ist sie effektiver als eine Einzelarbeit)
- die Beschäftigten erledigen als teilautonome Arbeitsgruppe (teilselbstständige Arbeitsgruppe) ihre Aufgaben weitgehend selbstständig
- im Qualitätszirkel lösen Beschäftigte ohne direkte Vorgesetzte betriebliche Problemfälle, indem sie eigenständig Verbesserungsmöglichkeiten erarbeiten

wertschöpfende Konzepte

Ausschlaggebend ist die Auswirkung auf die betriebliche Wertschöpfungskette anhand der Frage »Make-or-Buy«:
- beim Outsourcing werden bestimmte Aufgaben und Tätigkeiten ausgegliedert, um die freigewordenen Ressourcen für das Kerngeschäft zu nutzen
- beim Insourcing werden einst ausgegliederte Aufgaben und Tätigkeiten wieder zurückgeholt bzw. Drittleistungen in die bestehende Organisation eingliedert, z. B. IT-Abteilung

4 INTEGRIERTE

MANAGEMENTSYSTEME

Das Integrierte Managementsystem fasst Methoden und Instrumente zur Einhaltung von Anforderungen aus verschiedenen Bereichen in einer einheitlichen Struktur zusammen.

Umwelt-
management

IM

Qual
mana

Managementsysteme umfassen alle Aufgaben des Managements wie Ziele setzen, steuern und kontrollieren. Das integrierte Managementsystem (IMS) fügt bisher einzelne und separate Managementsysteme zu einem neuen und ganzheitlichen Managementsystem zusammen. Das typische IMS vereint beispielsweise Qualitäts- und Umweltmanagement sowie Arbeitssicherheit und betrachtet die Aufgaben und Prozesse umfassend aus den jeweiligen verschiedenen Blickwinkeln.

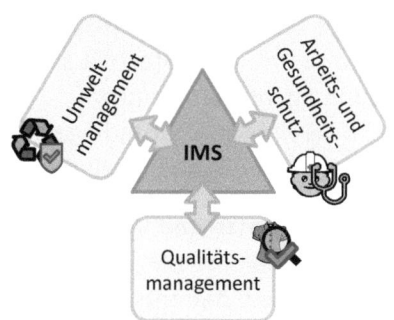

Abbildung 82: typisches IMS

4.1 Gesetze und Verordnungen

Einige Gesetze und Verordnungen im Bereich des Qualitätsmanagements:
- **Produkthaftungsgesetz** (ProdHaftG): Hersteller haftet für Körper-, Gesundheits- und Sachschäden durch Produktfehler
- **Produktsicherheitsgesetz** (ProdSG): schreibt das Inverkehrbringen von Produkten vor
- **Gewerbeordnung** (GewO): um eine Gewerbezulassung zu bekommen, müssen fachliche Voraussetzungen nachgewiesen werden
- **Qualitätsmanagementnorm** (DIN EN ISO 9000 ff): Grundlagen für ein Qualitätsmanagementsystem (definiert Begriffe, Anforderungen und Regeln)
- **European Foundation for Quality Management** (EFQM): Qualitätsmanagementsystem bestehend aus den Bereichen Mitarbeiter, Politik/Strategie sowie Ressourcen/Partner

2010 wurden im Rahmen der EFQM acht grundlegende Prinzipien formuliert:
- ☞ die erzielten Ergebnisse befriedigen oder übertreffen die kurz- und langfristigen Bedürfnisse der Beteiligten
- ☞ Bedürfnisse und Erwartungen der Kunden werden aufgenommen und umgesetzt
- ☞ Führungskräfte sind Vorbilder in den Bereichen Vision, Inspiration und Integrität
- ☞ die Lenkung erfolgt durch optimal ausgerichtete Prozesse
- ☞ Erfolg entsteht durch die Beschäftigten, die dadurch eine Wertschätzung erfahren
- ☞ Innovation und Kreativität sind wichtig für die Leistung und werden gefördert
- ☞ Beziehungen zu Kunden, Lieferanten etc. entwickeln und erweitern
- ☞ Nachhaltigkeit ist ein fester Bestandteil des Handelns und Verhaltens

Einige Gesetze und Verordnungen im Bereich des Umweltschutzes:

- **Umweltrecht**: unterteilt sich in EU-Vorgaben, Bundesgesetze, Ländergesetze und Rechtsverordnungen
- **Umweltschutz**: Grundlagen sind die Vorgaben der ISO 14001 und EMAS (Eco Management and Audit Scheme)

Einige Gesetze und Verordnungen im Bereich der Arbeitssicherheit:

- **Arbeitssicherheitsgesetz** (ASiG): regelt die betriebliche Organisation, die Ernennung der entsprechenden Personen und deren Aufgaben
- **Arbeitsstättenverordnung** (ArbStättV): gesetzliche Mindestvorgaben über Belüftung, Beheizung und Beleuchtung von Arbeitsstätten
- **Arbeitszeitgesetz** (ArbZG): gesetzliche Mindestvorgaben bei der Gestaltung von Arbeitszeitmodellen
- **Sozialgesetzbuch** (SGB VII): gesetzliche Vorschriften und Verordnungen zum Thema Arbeitssicherheit
- **Unfallverhütungsvorschriften der Berufsgenossenschaften** (UVV): weitere Vorschriften und Verordnungen zum Thema Arbeitssicherheit

4.2 Qualitätsmanagement

Ein ganzheitliches Qualitätsmanagement verbessert die Qualität und minimiert die Kosten. Es schafft die Voraussetzung, dass Produkte, Tätigkeiten oder Dienstleistungen den gestellten Qualitätsanforderungen entsprechen. Dabei gilt: **die Qualität gibt der Kunde vor.**

Bestandteile des Qualitätsmanagements			
Qualitätsplanung	**Qualitätslenkung**	**Qualitätssicherung**	**Qualitätsverbesserung**
Festlegen der Qualitätsmerkmale, der geforderten und zulässigen Werte, sowie Planung der Prüfmittel und Prüfmethoden.	Veranlassen und sicherstellen aller Maßnahmen, die zur Erfüllung der festgelegten Anforderungen beitragen.	Legt fest, inwieweit die Erzeugnisse und Dienstleistungen die an sie gestellten Qualitätsanforderungen erfüllen.	Sorgt dafür, dass die Qualität durch passende innerbetriebliche Maßnahmen ständig erhöht wird.

Abbildung 83: Überblick über die Bestandteile des Qualitätsmanagements

Qualitätsthemen lassen sich in einer Gruppe schneller und effizienter lösen:

- in **Qualitätsgesprächen** werden Schwachpunkte der Produktion in einem Gespräch zwischen Vorgesetzten und Beschäftigten aufgedeckt und Verbesserungsmaßnahmen erarbeitet
- in einem **Qualitätszirkel** lösen Beschäftigte ohne direkte Vorgesetzte betriebliche Problemfälle, indem sie eigenständig Verbesserungsmöglichkeiten erarbeiten

Dem Qualitätsmanagement stehen verschiedene Methoden zur Verfügung, die die Qualität der Produkte und Prozesse positiv beeinflussen und sicherer machen.

Qualitätsmanagementmethoden		
FMEA	**Kaizen**	**PDCA**
Failure Mode and Effect Analysis	*»vom Guten zum Besseren«*	*Plan – Do – Check – Act*

Abbildung 84: Überblick über die Qualitätsmanagementmethoden

FMEA

Die FMEA (Failure Mode and Effect Analysis = Fehlermöglichkeits- und Einfluss-Analyse) ist eine Methode, bei der alle möglichen Fehler, die auftreten können, systematisch erfasst werden. Dies geschieht schon, <u>bevor</u> der Fehler überhaupt entsteht (eine Art der Vorbeugung). Die Risiken und Folgen eines jeden Fehlers werden beurteilt und entsprechende Gegenmaßnahmen, die das Auftreten verhindern sollen, eingeleitet.

Voraussetzungen für eine FMEA:
• alle Beteiligte müssen sich Kenntnisse über den Aufbau der FMEA aneignen
• bei der Datenerfassung ist auf eine einheitliche/eindeutige Schreibweise zu achten
• der Ablauf muss vor Beginn besprochen und für alle verbindlich festgelegt werden
• es gibt eine Stelle, die den Einsatz der Methode koordiniert und festlegt
• häufig vorkommende Informationen identisch beschreiben und bewerten
• die Unternehmensführung muss über die gesamte Laufzeit an ihr interessiert sein
• Ziel muss sein, dem nächsten Schritt fehlerfreie Ergebnisse zu übergeben

5 Stufen einer FMEA

Festlegung der Funktionsmerkmale und Analyse	Ermittlung der potenziellen Fehler und ihre Ursachen	Bewertung der möglichen Fehler	Festlegung der Abstellmaßnahmen	Neubewertung nach den Abstellmaßnahmen

Abbildung 85: 5 Stufen einer FMEA

Vorteile einer FMEA:
☑ einfache Handhabung durch bereits vorgefertigte Formblätter
☑ verlangt und unterstützt eine gründliche Arbeitsweise
☑ gewährleistet eine kostenoptimale Schwachstellenerkennung
☑ kann bereits in der Entwurfsphase angewendet werden
☑ kann Lücken und Mängel im Pflichtenheft aufdecken
☑ sollte alle möglichen Fehlerursachen aufweisen
☑ Verbesserungen fließen frühzeitig mit ein

Arten	Merkmale
System-FMEA	Betrachtet ein übergeordnetes Produkt oder System. Die Grundlagen sind Produktkonzepte und die FMEA wird bei der Fertigstellung des Produktes angewendet.
Konstruktions-FMEA, Entwicklungs-FMEA	Wird innerhalb eines Entwicklungsprozesses angewendet. Sie analysiert ein Produkt auf Erfüllung der im Pflichtenheft festgelegten Funktionen. Für alle risikobehafteten Bauteile sind geeignete Maßnahmen zur Vermeidung oder Entdeckung der potenziellen Fehler zu planen.
Prozess-FMEA	Wird vor der eigentlichen Herstellung des Produktes angewendet und baut auf den Ergebnissen der Konstruktions-FMEA auf. Fehler in der Konstruktions-FMEA, deren Ursachen im Herstellungsprozess liegen, gehen als Fehler in die Prozess-FMEA ein.

Tabelle 38: Arten einer FMEA

Durchführung einer FMEA

1. Planung und Vorbereitung: Eine erfolgreiche Durchführung einer FMEA setzt eine organisatorische und inhaltliche Planung sowie Vorbereitung voraus, in der das Objekt und die Aufgabenstellung ausgewählt werden. Des Weiteren werden Verantwortliche bzw. Teams und deren Aufgabenverteilung bestimmt sowie Termine festgelegt.

2. Risikoanalyse: Zu den erkannten Merkmalen werden alle dazu möglichen Fehler gesammelt. Die Ursachen und Folgen werden beschrieben und analysiert, um geeignete Abstell- und Kontrollmaßnahmen treffen zu können.

3. Risikobewertung: Alle Fehler werden auf Wahrscheinlichkeit des Auftretens (A), Bedeutung des Fehlers für den Kunden (B) und Wahrscheinlichkeit der Entdeckung (E) bewertet und mit Werten von 1 bis 10 multipliziert. Aus der Multiplikation der drei Werte (A · B · E) wird die Risikoprioritätszahl (RPZ) bestimmt. Sie kann Werte zwischen 1 (kein Risiko) und 1.000 (höchstes Risiko) annehmen und ist ein Maß, mit welcher Priorität passende Abstellmaßnahmen zu erarbeiten sind.

4. Risikominimierung: Anhand der Risikoprioritätszahl werden nun über Qualitätstechniken passende Abstellmaßnahmen entworfen (fehlervermeidende Maßnahmen sind fehlerentdeckenden Maßnahmen vorzuziehen) und deren Durchführungsverantwortliche bestimmt sowie Termine festgelegt. Für die einzelnen Verbesserungsmaßnahmen wird eine erneute Beurteilung des Fehlerauftretens vorgenommen und eine neue RPZ errechnet (die Differenz zwischen früherer und neuer RPZ entspricht dem Erfolg der Maßnahme).

Kaizen

wird auch kontinuierlicher Verbesserungsprozess (KVP) oder Continuous Improvement Process (CIP) genannt und ist eine japanische Lebens- und Arbeitsphilosophie, die das Streben nach ständiger Verbesserung zu ihrer Leitidee gemacht hat (»vom Guten zum Besseren«) und zu einer stetigen Verbesserung der Wettbewerbsposition führen soll.

Wesentliche Elemente des Kaizen:
• Aufbau eines Qualitätsmanagements
• Investition in die Weiterbildung der Mitarbeiter
• mitarbeiterorientierte Führung
• Prozessorientierung

Methoden des Kaizen			
5-S-Bewegungen	7-M-Checkliste	7-W-Checkliste	Verschwendungsarten

Abbildung 86: Methoden des Kaizen

5-S-Bewegungen

Fünfstufige Vorgehensweise zur Neuplanung und Verbesserung von sauberen, sicheren und standardisierten Arbeitsplätzen:

☑ Seiri: entferne Unnötiges aus deinem Arbeitsbereich
☑ Seiton: ordne die Dinge, die nach Seiri geblieben sind
☑ Seiso: halte deinen Arbeitsplatz sauber
☑ Seiketsu: mache Sauberkeit und Ordnung zu deinem persönlichen Anliegen
☑ Shitsuke: mache 5-S durch Festlegen von Standards zur Gewohnheit

7-M-Checkliste (Ishikawa/Ursache-Wirkungs-Diagramm)

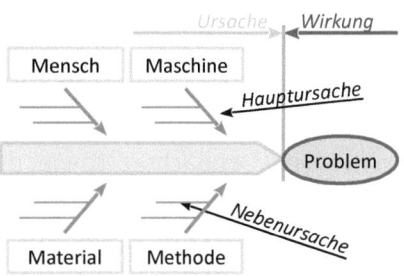

Abbildung 87: Ursache-Wirkungs-Diagramm mit 4 möglichen Ursachen

Sie wurde um 1940 vom japanischen Wissenschaftler Kaoru Ishikawa entwickelt. Hierbei werden möglichen Ursachen aus den Bereichen Material, Maschine, Mensch, Milieu/Mitwelt, Messbarkeit, Methode und Management gesammelt, die ein bestimmtes Ereignis (Problem) auslösen oder beeinflussen. So sollen ihre Abhängigkeiten dargestellt und erkannt werden. Potentielle Ursachen werden bezüglich ihrer Bedeutung und Einflussnahme auf das Problem gewichtet und entsprechende Maßnahmen abgeleitet.

7-W-Checkliste (7-W-Fragen)

Vorgehensweise, um bei unerwünschten Ergebnissen oder Fehlern nach der Ursache zu forschen, um eine Lösung zu erzielen.

- ☑ Was ist zu tun?
- ☑ Wer macht es?
- ☑ Warum wird es gemacht?
- ☑ Wie wird es gemacht?
- ☑ Wann wird es gemacht?
- ☑ Wo soll es getan werden?
- ☑ Wieso wird es nicht anders gemacht?

Verschwendungsarten

Eine Verschwendung ist das unnötige, nicht effektive und nicht nutzbringende Verbrauchen von begrenzten Ressourcen.

- ☑ Bestände: lagernde Bestände sind nicht wertschöpfend
- ☑ Bewegung: jede nicht wertschöpfende Körperbewegung ist unproduktiv
- ☑ Herstellung: durch unzureichende Technologie oder Konstruktion
- ☑ Nacharbeit/Fehler: fehlerhafte Produkte stören den Produktionsfluss
- ☑ Transport: Material-/Produktbewegung ist nicht wertschöpfend
- ☑ Überproduktion: nicht mehr als notwendig produzieren
- ☑ Warten: bei untätigen Mitarbeitern ist die Prozesstaktung nicht optimal

PDCA-Zyklus (Demingkreis)

Ein Problemlösungsprozess, der aus 4 Phasen besteht und durch eine kontinuierliche Verbesserung der Prozesse versucht, die Effizienz des Unternehmens zu erhöhen. Ein erneutes Durchlaufen des PDCA-Zykluses grenzt das Problem weiter ein und Erfahrungen aus vorhergehenden Zyklen können angewendet werden.

1. Plan (planen): Plan für eine Verbesserung wird entwickelt
2. Do (ausführen): Plan wird ausgeführt
3. Check (überprüfen): Auswirkungen der Veränderungen werden beobachtet sowie die Ergebnisse dokumentiert und analysiert
4. Act (verbessern): Ergebnisse werden genau darauf analysiert, was weiter zu verbessern ist und für den nächsten PDCA-Zyklus von Bedeutung ist

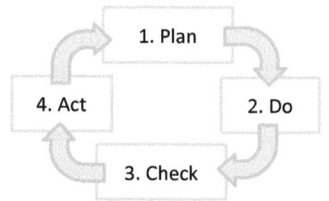

Abbildung 88: PDCA-Zyklus

4.3 Entwerfen eines IMS

Es können die verschiedensten Managementbereiche zu einem integrierten Management-system (IMS) vereint werden, dazu gehören neben den typischen Bereichen Qualitäts-, Umwelt- und Arbeits-/Gesundheitsschutzmanagement auch weitere Bereiche wie bei-spielsweise das Sicherheitsmanagement, Produktverantwortung oder Risikomanagement.

Anforderungen an die Beschäftigten

Damit ein IMS erfolgreich eingeführt und akzeptiert werden kann, müssen die betroffenen Beschäftigten bestimmte Schlüsselqualifikationen vorweisen können:

- Durchsetzungsfähigkeit
- Einsatzbereitschaft
- Kommunikations- und Teamfähigkeit
- Problemlösungsfähigkeit
- Verantwortungsbereitschaft

Vorteile durch ein integriertes Managementsystem:

- ☞ durch klare und übersichtliche Abläufe zeigen sich Verbesserungspotenziale
- ☞ durch neue Synergien werden bisherige Doppelarbeiten und Überschneidungen aufge-deckt und abgebaut
- ☞ ganzheitliches Beleuchten und Optimieren von Unternehmensprozessen durch mehrere Blickwinkel
- ☞ unberechtigte Haftungsansprüche lassen sich durch eine ganzheitliche Dokumentation und Struktur einfacher nachweisen und abwehren
- ☞ weniger Kapazitäts- und Ressourcenaufwand für die Verwaltung des Managementsys-tems

Erstellung eines IMS

| Prozesserfassung | Darstellen der Abfolge und Wechselwirkungen | Prozesssteuerung | Prozessverbesserung |

Abbildung 89: Schritte bei der Erstellung eines IMS

Prozesserfassung

Ein Prozess besteht aus mehreren Tätigkeiten und Aufgaben, die zum Teil voneinander abhängen und aufeinander aufbauen, um aus Eingaben Ergebnisse zu machen.

Prozessarten	Merkmale
Kern-, Leistungs- oder Wertschöpfungsprozess	wird direkt zur Herstellung eines Produktes benötigt
Unterstützungsprozess	stellt notwendige Ressourcen für die Kernprozesse bereit
Führungsprozess	legt die Ausrichtung des Unternehmens und der Prozesse fest

Tabelle 39: Arten von Prozessen

Prozessdarstellung

Es wird ein Prozessmodell erarbeitet, das alle identifizierten Prozesse enthält und stellt so die Grundlage für alle weiteren Tätigkeiten dar. Es muss darauf geachtet werden, dass es auch von allen verstanden und angenommen wird.

Prozesssteuerung

Jeder Prozess wird darauf untersucht, wie umfangreich die an ihn gekoppelten Ziele erfüllt werden. Dazu wird eine Prozessbeschreibung erstellt, die mindestens aus diesen Punkten bestehen sollte:

- Prozessanforderungen
- Prozessbezeichnung
- Prozessverantwortlicher
- Prozesszweck und -nutzen
- Schnittstellen

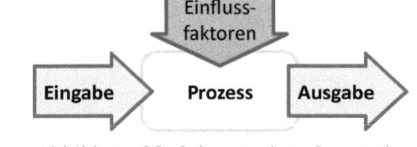

Abbildung 90: Schema einer Prozessbeschreibung

Prozessverbesserung

Die Prozessverbesserung setzt sich aus zwei Bestandteilen zusammen: Die ständige Beseitigung der Schwachstellen (über die kontinuierliche Verbesserung) sowie die bewusste und strukturierte Verbesserung der wichtigen Kernprozesse.

Organisation eines IMS

Werden mehrere Managementsysteme vereint, kann es auch zu Unklarheiten bei den Beteiligten und Betroffenen kommen. Es ist daher eine genaue Konzeption und Organisation des zukünftigen Managementsystems erforderlich.

Organisation eines IMS	Merkmale
Begriffe	alle verwendeten Begriffe müssen allen Beteiligten bekannt und von ihnen verstanden werden
Beschreibungen	Maßnahmen und Ziele müssen eindeutig definiert werden
Geltungsbereich	legt fest, welche Abteilungen/Unternehmensteile das neue integrierte Managementsystem betrifft und was es für eine Wirkung haben soll
Mitbestimmung	der Betriebsrat hat in sozialen und personellen Angelegenheiten ein Mitbestimmungs- und Mitwirkungsrecht und sollte daher in das Vorhaben von Anfang an miteinbezogen werden
Zuständigkeiten	definierte Zuständigkeiten der Hierarchie vereinfachen die Zusammenarbeit zwischen den einzelnen Hierarchieebenen

Tabelle 40: Organisation eines Integrierten Managementsystems (IMS)

4.4 Beurteilen und Verbessern eines IMS

Mögliche Fragen, um ein vorhandenes IMS zu analysieren:
- Sind die Definitionen der Aufgaben, Kompetenzen und Verantwortungen zielführend?
- Welche Struktur hat das vorhandene System?
- Welchen Zweck und Ziel verfolgt das vorhandene System?
- Wie weit werden die Wünsche der Kunden befriedigt?
- Wie wird die Dokumentation durchgeführt und gehandhabt?

betriebliches Vorschlagwesen

Beschäftigte können aufgespürte Verbesserungspotenziale an Prozessen oder Verfahren in Form von Verbesserungsvorschlägen einreichen. Die Verbesserungsvorschläge werden auf die Wirtschaftlichkeit analysiert und bei einer Umsetzung wird eine entsprechende Prämie an den einreichenden Beschäftigten ausbezahlt.

Eine Auswahl an Zielen des betrieblichen Vorschlagwesens:
- Innovationen für neue Produkte
- Optimierung des Arbeitsumfeldes sowie Verschlankung von Prozessen
- Senkung der körperlichen Anstrengung der Arbeit
- Senkung des Zeit- und Kostenaufwandes
- Steigerung der Produktqualität und Produktivität
- weniger Ressourcenverbrauch

4.5 Total-Quality-Management

Total-Quality-Management (TQM) ist eine ganzheitliche Tätigkeit, die alle Bereiche eines Unternehmens umfasst, um Qualität als wichtiges Unternehmensziel einzuführen und über eine lange Zeit zu halten. Es werden dabei keine neuen Elemente angewandt, sondern bereits bekannte Methoden kombiniert sowie systematisch und konsequent verwendet.

Ziele eines Total-Quality-Managements:
- ✓ Kunden- und Mitarbeiterzufriedenheit erhöhen
- ✓ Qualität steigern
- ✓ Senkung des Zeit- und Kostenaufwandes

Elemente von TQM

Total-Quality-Management baut auf 4 großen Elementen auf:

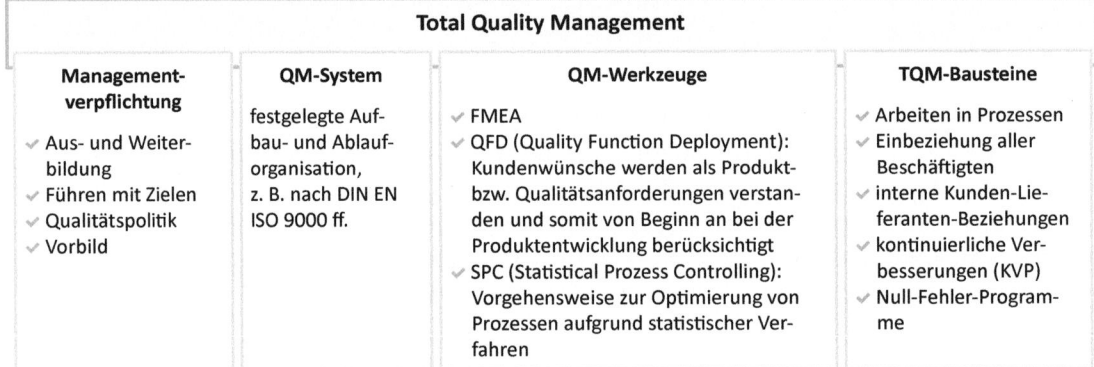

Abbildung 91: die 4 Elemente von TQM

interne Kunden-Lieferanten-Beziehungen

Der innerbetriebliche Leistungsaustausch zwischen Abteilungen erfolgt wie auf dem reellen Markt als Kunden-Lieferanten-Beziehung. Jede Abteilung ist Kunde (wenn sie von anderen Abteilungen Dienste oder Produkte bezieht) und Lieferant (wenn sie an andere Abteilungen Dienste oder Produkte abgibt). Der Kunde gibt vor, wie der Lieferant die Produkte oder Dienste zu liefern hat. Dadurch können die innerbetrieblichen Leistungen und Abläufe verbessert und optimiert werden.

Null-Fehler-Programme
Sie sollen das Auftreten von Fehlern durch entsprechende Verfahren unterbinden bzw. auf ein Minimum reduzieren.

Bestandteile von Null-Fehler-Programmen:
• alle notwendigen Bedingungen für eine fehlerfreie Arbeit herstellen
• aufgetretene Fehler analysieren und deren Ursachen beseitigen
• Verfahren zur Fehlervermeidung anwenden

Verfahren zur Fehlervermeidung:
• eindeutige und vollständige Arbeitsbeschreibungen verwenden
• Fehlermöglichkeits- und Einflussanalyse (FMEA)
• Selbstprüfung
• Verwendung von sicheren Prozessen und ständige Kontrolle dieser Prozesse
• wiederkehrende Fehler analysieren und deren Ursachen beseitigen

Es gilt das Motto: »Fehler vermeiden ist besser als Fehler beseitigen«. Fehler lassen sich jedoch nie ganz vermeiden. Sollte dennoch ein Fehler auftreten, so darf dieser Fehler nur einmal vorkommen. Zur Analyse der Fehlerquelle bzw. -ursache stehen Werkzeuge wie Pareto- oder Ursache-Wirkungs-Diagramme (Ishikawa), Checklisten, Histogramme oder Qualitätsregelkarten (QRK) zur Verfügung.

4.6 Supply-Chain-Management

Das Supply-Chain-Management (SCM) oder Lieferkettenmanagement plant und handhabt alle Aufgaben sowie die Koordinierung aller an einer Lieferkette beteiligten Unternehmen vom Hersteller/Lieferant, Händler, Logistikdienstleister bis zum Kunden. Alle Prozesse vom Hersteller/Lieferant bis zum Endkunden sollen ganzheitlich und umfangreich betrachtet, vereinheitlicht, optimiert und gesteuert werden.

5 PROJEKTMANAGEMENT

Als Projektmanagement wird das Initiieren, Planen, Steuern, Kontrollieren und Abschließen von Projekten bezeichnet.

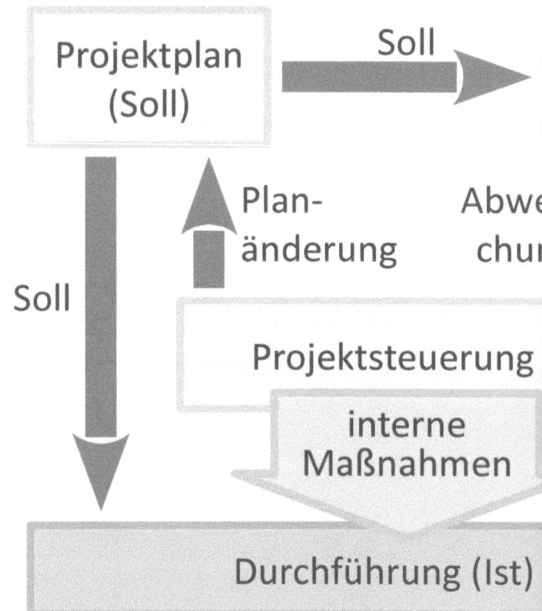

5.1 Projekt

Ein Projekt ist ein einmaliges Vorhaben, dessen Rahmenbedingungen (Zeit, Budget, Ressourcen etc.) von außen von Anfang an fest vorgegeben werden. Projekte können klein und übersichtlich (z. B. die Abstellung eines Fehlers an Produkten) oder komplex und umfangreich sein (z. B. die Planung eines neuen Standortes).

Merkmale eines Projektes:
- Anfangs- und Endzeitpunkt sind fest vorgegeben (Projektkorridor)
- Aufgabenstellung ist einmalig oder neu für das Unternehmen
- eindeutiges, zielorientiertes und kontrollierbares Vorhaben
- in sich abgeschlossene Aufgabe, jedoch oft abteilungsübergreifend
- meist eine hohe Bedeutung für das Unternehmen
- Verfügbarkeit von finanziellen und personellen Ressourcen ist begrenzt

Projektziel
Viele Projekte scheitern aufgrund von unklaren oder oft geänderten Anforderungen während des Projektablaufes. Um dies zu verhindern muss das Projektziel sorgfältig, erreichbar und überprüfbar definiert sein.

Daher sollte es nach der SMART-Formel **formuliert werden:**
- ☑ **S**pezifisch: Ziele müssen klar und eindeutig formuliert sein
- ☑ **M**essbar: Ziele müssen überprüfbar sein
- ☑ **A**kzeptiert   Ziele müssen von den Beteiligten akzeptiert werden
- ☑ **R**ealistisch: Ziele müssen erreichbar sein
- ☑ **T**erminiert: es muss eine Terminvorgabe (Endtermin) definiert sein

5.2 Projektmanagement

Das Projektmanagement plant, steuert und kontrolliert die laufenden und zukünftigen Projekte in einem Unternehmen.

Ziele des Projektmanagements:
- ✓ erreichen des vorgegebenen Sachziels (Projektauftrag)
- ✓ einhalten des vorgegebenen Budgets (Termine, Kosten)

Aufgaben des Projektmanagements:
- alle möglichen Risiken frühzeitig erkennen und entgegenwirken
- festlegen der Projekt- und Teilziele und diese auch kommunizieren
- lösen von zeitlich befristeten Aufgaben
- Personen bestimmen und ihnen klare Verantwortung und Befugnisse geben
- versuchen, neue Innovationen zu entwickeln

5.2.1 Projektleitung

Eine spezielle Organisationseinheit, die nur während der Projektlaufzeit besteht.

Aufgaben der Projektleitung:
- bildet Projektgruppen aus geeigneten und qualifizierten Beschäftigten
- fällt Entscheidungen zum Projekt
- holt sich Ergebnisse der einzelnen Projektgruppen ein
- plant, steuert und überwacht das gesamte, ihr zugeordnete Projekt

Projektleiter

Er ist verantwortlich für das ihm zugewiesene Projekt.

Aufgaben eines Projektleiters:
- Aufgaben den einzelnen Projektmitgliedern zuweisen
- leiten der Projektsitzungen
- organisieren und koordinieren von allen am Projekt beteiligten Personen
- personelles und fachliches Führen der Projektteammitglieder
- Projektablauf überwachen und Maßnahmen bei Abweichungen einleiten
- Projektplan an geänderte Gegebenheiten anpassen
- sich bei der Projektplanung beteiligen und Teilziele bestimmen

Magisches Viereck der Projektsteuerung

Die Projektsteuerung und das Projektcontrolling befinden sich in einem magischen Viereck: es lassen sich nicht alle Ziele optimal erreichen. Daher sollte der Projektleiter von Anfang an über ausreichende Mitbestimmungs- und Entscheidungsrechte verfügen, um die Einflüsse realistisch einschätzen zu können und so ein für alle befriedigendes Ergebnis zu erzielen.

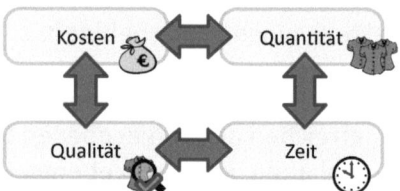

Abbildung 92: magisches Viereck der Projektsteuerung

> **Magisches Viereck**
> Es können nicht alle Ziele gleichzeitig erreicht werden, da zwischen den einzelnen Zielen verschiedene Zielkonflikte auftreten. Es ist nicht möglich, alle Ziele zu erreichen. Das Erreichen eines Zieles führt automatisch zu Abstrichen bei der Erreichung eines anderen Zieles. Es muss daher individuell eine optimale Lösung gesucht werden.

5.2.2 Phasen des Projektmanagements

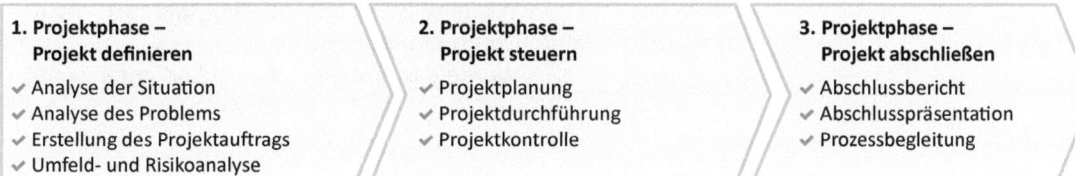

1. Projektphase –
Projekt definieren
- Analyse der Situation
- Analyse des Problems
- Erstellung des Projektauftrags
- Umfeld- und Risikoanalyse

2. Projektphase –
Projekt steuern
- Projektplanung
- Projektdurchführung
- Projektkontrolle

3. Projektphase –
Projekt abschließen
- Abschlussbericht
- Abschlusspräsentation
- Prozessbegleitung

Abbildung 93: Phasen des Projektmanagements

1. Projektphase – Projekt definieren

Analyse der Situation
Die meisten Projekte sollen eine festgestellte Abweichung zwischen dem Ist-Zustand und dem gewünschten Soll-Zustand analysieren und beseitigen. Dabei spielt es keine Rolle, ob diese Abweichung intern (z. B. durch Unternehmensleitung, Beschäftige) oder extern durch Unternehmensberatungen oder Kunden festgestellt wurde.

Analyse des Problems
Die festgestellte Abweichung wird einer Ist-Aufnahme unterzogen. Die Analyse erfolgt unter den Punkten Wertschöpfung (»was der Kunde bezahlen würde«) und Verschwendung (»was der Kunde nicht bezahlen würde«). Daraus wird ein Soll-Konzept entworfen, in dem der gewünschte Soll-Zustand festgelegt wird.

Erstellung des Projektauftrags
Bei der Erstellung eines Projektauftrags sollten folgende Grundsätze beachtet werden:
- ☑ Auftraggeber ist ein Mitglied aus der Unternehmensleitung
- ☑ Befugnisse sind zu regeln bezüglich Projektleiter, Fachbereiche etc.
- ☑ genaue Beschreibung der zu erzielenden Leistung
- ☑ Projektdauer (Projektkorridor) ist festzulegen (genauer Anfangs- und Endtermin)
- ☑ Ziele müssen klar und verständlich sowie realistisch sein (SMART-Formel)

Umfeld- und Risikoanalyse

Sie analysiert das externe und interne Umfeld des Projektes und sucht nach Risiken, die das Projekt beeinträchtigen könnten.

externes Umfeld	internes Umfeld
• Hat der Wettbewerb bereits ähnliches unternommen? • Welche Trends (z. B. politisch, technisch) könnten das Projekt beeinflussen?	• Besteht genügend eigenes Wissen oder muss externe Unterstützung angefordert werden? • Lohnt sich der Aufwand? • Steht die Unternehmensleitung zum Projekt? • Wie groß ist die Veränderungsbereitschaft im Unternehmen? • Wurde das Problem ausreichend untersucht?

Tabelle 41: Fragen der Umfeld- und Risikoanalyse

2. Projektphase – Projekt steuern

Die Projektlenkung beschreibt einen Regelkreis aus Planung, Durchführung, Steuerung und Kontrolle des Projekts als ständiger Soll-Ist-Vergleich.

Sind in der Projektkontrolle Abweichungen vom Projektplan (Soll) festgestellt worden, erfolgt eine Meldung an die Projektsteuerung, die in Abstimmung mit der Projektleitung die einzelnen Maßnahmen bestimmen: durch interne Maßnahmen (keine Veränderung der Rahmenbedingungen) oder durch Planänderungen (nur in Absprache mit dem Auftraggeber).

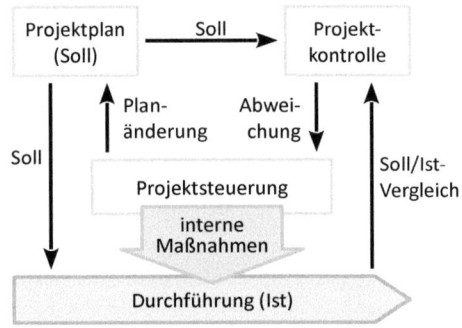

Abbildung 94: Projektlenkung als Regelkreis

Projektstrukturplanung

Der Projektstrukturplan (PSP) wird am Anfang eines Projektes aufgestellt und ist die Mitte jedes Projektes. Er unterteilt das Projekt in einzelne Teilprojekte, Arbeitspakete und Vorgänge. Grundlage für die Unterteilung können z. B. Dauer, Kosten, Komplexität oder auch Risiken sein.

Abbildung 95: Projektstrukturplan

Ressourcenplanung

Steht die Strukturplanung, können Angaben über die erforderlichen Ressourcen gemacht werden, wie Anzahl der Beschäftigten, Dauer der einzelnen Elemente, benötigtes Budget oder Einsatzmittel.

Kostenplanung

Die Kostenplanung stellt im weiteren Projektverlauf eine Kontrolle der Wirtschaftlichkeit dar. Die Schwierigkeit liegt in der Bestimmung der Kosten der einzelnen Vorgänge. Die entstehenden Kosten werden zusammen mit den geschätzten Einnahmen erfasst und nach ihrer zeitlichen Entstehung aufgelistet.

Terminplanung

Die Terminplanung baut auf den einzelnen Planungen auf und erstellt daraus Netzpläne oder Balkendiagramme, die den zeitlichen Verlauf des Projektes grafisch darstellen. Wichtig ist, dass alle vom Projekt betroffenen Personen über den Gesamtprojektplan und den Stand ständig informiert sind.

Projektdokumentation

Die optimale Dokumentation ist die <u>ständige Dokumentation</u> während des gesamten Projektverlaufes. Empfänger und Interessierte an dieser Dokumentation sind neben dem Projektleiter und den Projektmitarbeitern alle sonstige vom Projekt betroffenen Personen. Sie bildet die Grundlage für den späteren Abschlussbericht, dient als Nachweis (bei Abweichungen und Änderungen) und zur Verbesserung bei nachfolgenden Projekten (»lessons learned«).

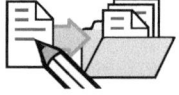

Gliederung der Projektdokumentation:
- projektbezogen (bezieht sich auf das <u>Projekt</u>, z. B. Protokolle, Ablaufpläne)
- objektbezogen (bezieht sich auf das <u>Produkt/Ergebnis</u>, z. B. Zeichnungen, Konstruktionspläne, Angebote, Rechnungen)

3. Projektphase – Projekt abschließen

Abschlussbericht

Der Abschlussbericht setzt sich aus dem Projektauftrag, der Dokumentation des Projektverlaufes sowie den Projektergebnissen zusammen und wird als Wegweiser bei der Einführung verwendet. Er sollte an alle vom Projekt betroffenen Personen geleitet werden.

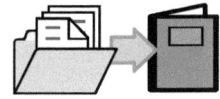

Abschlusspräsentation

Sie gibt die wesentlichen Inhalte des Projektes wieder und sollte vor vielen Beschäftigten gehalten werden, um ihnen einen Einblick in die Projektarbeit zu geben.

Einführung der Projektergebnisse

Die Einführung (Implementierung) ist der wesentliche Teil der letzten Projektphase. Viele Projekte, die Veränderungen mit sich bringen, scheitern jedoch am Ende am mangelnden Interesse oder an der Abwehr der Betroffenen.

Instrumente der Implementierung:

- terminierte Maßnahmen: einzelne Maßnahmenpunkte werden genau mit dem jeweiligen Verantwortlichen und dem Realisierungstermin definiert
- Streifenlisten: Maßnahmenblätter, die in wiederkehrenden Sitzungen abgearbeitet werden (sind weitere Maßnahmen erforderlich, so werden diese dokumentiert und in der nächsten Sitzung erneut vorgelegt und abgearbeitet)

Prozessbegleitung

Um die von der Implementierung betroffenen Personen bei Veränderungsvorgängen zu begleiten, wird ein Team aus den beteiligten Fachbereichen gebildet.

Aufgaben der Prozessbegleitung:

- Beteiligte über Veränderungen umfassend aufklären, zur Mitarbeit motivieren und koordinieren
- erstellen eines Berichtes für die Verantwortlichen
- leisten von praktischer Hilfe bei der Implementierung

Projektphasen als Fünf-Phasen-Modell

Spezifikation und Planung	Konzeption und Entwicklung	Projekt- durchführung	Publikation und Dokumentation	Projektimple- mentierung
Planung von der Idee bis zur Genehmigung des Projektes	erstellen des Projekt- ablaufplans mit Teilprojekten und Arbeitspaketen (Meilensteine)	Projekt wird nach dem Projektab- laufplan durch- geführt	Projektergebnis wird Auftraggeber und Entscheidungsträger vorgestellt und dokumentiert	Integration des Projektes (Ausbau und Pflege)

Abbildung 96: Projektphasen als Fünf-Phasen-Modell

Projektphasen als Sechs-Phasen-Modell

Initiativ- phase	Informations- phase	Planungs- phase	Produktions- phase	Verifikations- phase	Präsentations- phase
entwerfen einer Pro- jektidee	sammeln von Infor- mationen und Er- wartungen	verwenden der Informationen	durchführen des Projektes	prüfen der Er- gebnisse des Projektes	vorstellen der Projektergeb- nisse

Abbildung 97: Projektphasen als Sechs-Phasen-Modell

5.2.3 Projektsteuerung

Über Soll-Ist-Vergleiche (Abweichungsanalyse) können Abweichungen vom Projektziel festgestellt und untersucht werden. Entsprechend ihrem Einfluss auf das Erreichen des Projektzieles werden geeignete Maßnahmen zum Vermindern der Abweichungen definiert. Es können je nach Auswirkung z. B. weitere Projektmitglieder hinzugezogen oder Projektteile fremd vergeben (outgesourct) werden. Im schlimmsten Fall muss das Projektziel geändert oder auf Projektteile verzichtet werden.

5.3 Projektorganisation

reines Projektmanagement

Die Mitglieder des Projektteams sind während der Projektdauer aus ihrer eigentlichen Stellung im Organigramm herausgelöst und dem Projektleiter unterstellt, der somit nicht nur die fachliche, sondern auch die disziplinarische Weisung übernimmt.

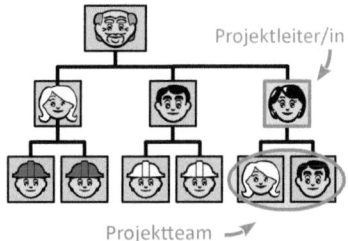

Abbildung 98: reines Projektmanagement

Vorteile der reinen Projektmanagement- Organisation	Nachteile der reinen Projektmanagement- Organisation
✓ große Identifikation mit dem Projekt ✓ kein Konflikt zwischen Projekt- und der eigentlichen Linientätigkeit ✓ Projektleiter besitzt fachliche und disziplinarische Weisungsbefugnisse ✓ schnelle Kommunikationswege	✗ organisatorische Veränderungen am Projektbeginn ✗ Probleme bei der Wiedereingliederung der Beschäftigten an ihre vorherigen Stellen

Tabelle 42: Vor- und Nachteile der reinen Projektmanagement-Organisation

Matrix-Projektmanagement

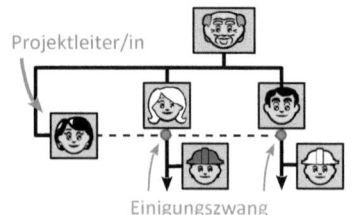

Die betroffenen Beschäftigten arbeiten weiterhin in ihrer Linientätigkeit und zeitweise am Projekt. Der Projektleiter besitzt nur die fachliche Weisungsbefugnis im Rahmen des Projektes. Die disziplinarische Weisungsbefugnis liegt weiterhin beim Linienvorgesetzten. Die Ergebnisse des Projektes betreffen meist mehrere Abteilungen, sodass Beschäftigte aus den verschiedenen Abteilungen einbezogen werden.

Projektleiter/in

Einigungszwang

Abbildung 99: Matrix-Projektmanagement-Organisation

Vorteile der Matrix-Projektmanagement-Organisation	Nachteile der Matrix-Projektmanagement-Organisation
✓ Aufbauorganisation bleibt unverändert ✓ fachliche Weiterbildung in der Linie möglich ✓ Mitarbeiterressourcen können nach Bedarf genutzt werden ✓ soziale Kontakte in der Linie bleiben bestehen	✗ Doppelbelastung durch Projekt- und Linientätigkeit ✗ Kompetenzkonflikte zwischen Projektleiter und Linienvorgesetzter (Eignungszwang)

Tabelle 43: Vor- und Nachteile der Matrix-Projektmanagement-Organisation

Einfluss-/Stab-Projektmanagement

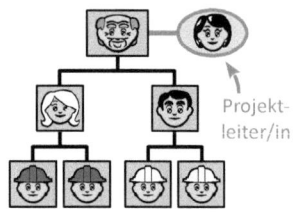

Wird oft verwendet, wenn nur wenige strategisch bedeutende Projekte durchgeführt werden. Durch die Stabsstelle ist der Projektleiter im direkten Umfeld der Geschäftsleitung tätig. Da der Projektleiter keine fachlichen und disziplinarischen Weisungsbefugnisse besitzt, ist er eher als Koordinator zu sehen, der die betroffenen Beschäftigten aus der Linie koordiniert.

Projektleiter/in

Abbildung 100: Stab-Projektmanagement-Organisation

Vorteil der Stab-Projektmanagement-Organisation	Nachteile der Stab-Projektmanagement-Organisation
✓ kaum Veränderung in der Aufbauorganisation	✗ fehlende fachliche und disziplinarische Weisungsbefugnisse des Projektleiters ✗ geringe Identifikation mit dem Projekt ✗ schlechte Information und Kommunikation

Tabelle 44: Vor- und Nachteile der Stab-Projektmanagement-Organisation

Projektgruppe

Eine Organisationseinheit, die nur während der Projektlaufzeit besteht. Sie soll für das Unternehmen einmalige oder erstmalige Problemstellungen lösen. Die Mitglieder stammen aus bereits bestehenden Struktureinheiten und sind ihr nur für die Dauer des Projektes unterstellt. Am Projektende kehren sie wieder an ihre ursprüngliche Struktureinheit zurück.

Vorteil einer Projektgruppe	Nachteile einer Projektgruppe
✓ Mitglieder bringen verschiedene Erfahrungen und Sichtweisen mit	✗ Mitglieder arbeiten meist nur für die Dauer des Projektes zusammen ✗ wenn nur Mitarbeiter aus den Struktureinheiten abgegeben werden, die dort kaum Leistung erbringen

Tabelle 45: Vor- und Nachteile einer Projektgruppe

Lenkungsausschuss (Steering Committee)

Er ist neben der Projektleitung und -steuerung ein Teil der Projektorganisation.

Aufgaben des Lenkungsausschusses:
• sorgt für die geeignete Unterstützung, Ressourcenausstattung und Priorität
• trägt die Gesamtverantwortung für das Projekt
• trifft generelle Entscheidungen

5.4 Multiprojektmanagement

Das Multiprojektmanagement übernimmt die Planung, Steuerung und Überwachung von mehreren zeitlich stattfindenden und untereinander abhängigen Projekten. Es ist auch zur Ressourcenabstimmung zwischen den einzelnen Projekten notwendig.

Aufgaben des Multiprojektmanagements:
• bestimmt die Projektverantwortlichen und Schnittstellen
• bestimmt Haupt- und Teilprojekte sowie ihre gegenseitigen Beziehungen
• genaues Festlegen von Projektzielen, Überschneidungen und Wichtigkeiten
• plant das benötigte Personal über mehrere Projekte hinweg
• plant und überwacht das Budget aller Projekte
• plant, steuert und überwacht alle vorhandenen und benötigten Ressourcen
• verwaltet und überwacht den Ablauf aller Projekte

6 INFORMATIONS- UND

KOMMUNIKATIONSTECHNIK

Die Informationstechnik ist ein Oberbegriff für die Informations- und Datenverarbeitung auf Basis dafür bereitgestellter technischer Services und Funktionen. Diese werden auf einer dahinterliegenden technischen IT-Infrastruktur bereitgestellt.

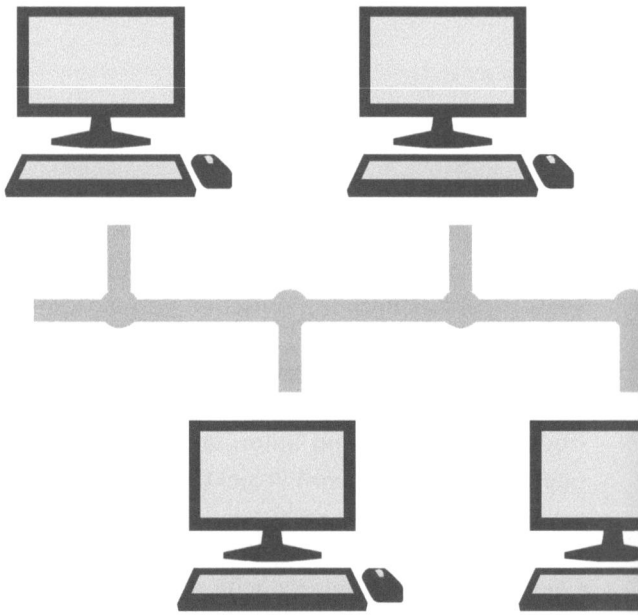

6.1 IT-Systeme

6.1.1 EVA-Prinzip

Das EVA-Prinzip (Eingabe, Verarbeitung, Ausgabe) erläutert das allgemeine Grundprinzip der Datenverarbeitung. Die Verarbeitung geschieht immer in der gleichen Reihenfolge:

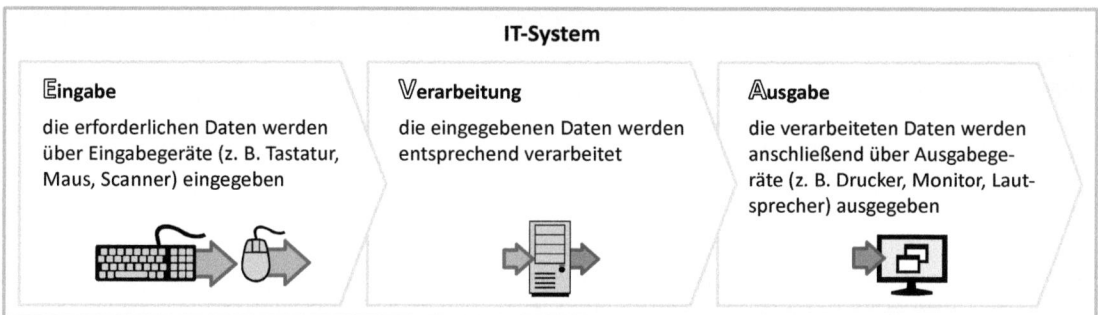

Abbildung 101: EVA-Prinzip

> **EVA (S)-Prinzip**
> Die Speicherung (S) gehört nicht zum grundlegenden EVA-Prinzip, da hierbei Daten weder eingegeben, verarbeitet oder ausgegeben werden. Sie wird daher im EVA (S)-Prinzip gesondert behandelt.

6.1.2 Bestandteile eines IT-Systems

Unter Hardware versteht man alle physikalischen (greifbaren) Komponenten eines IT-Systems. Sie werden nach internen und externen Komponenten unterschieden.

interne Komponenten eines IT-Systems

Sie sind im Inneren eines IT-Systems verbaut und für den Grundbetrieb erforderlich:

- ein Arbeitsspeicher (RAM = Random Access Memory) ist ein flüchtiger Speicher mit hoher Taktanbindung. Er wird zur Bearbeitung von laufenden Anwendungen benötigt
- eine Grafikkarte ist eine interne Karte zum Berechnen der Bildinformationen, die anschließend auf einem/mehreren Monitoren oder Beamer ausgegeben werden
- das Mainboard ist die größte Karte im IT-System, über die alle Komponenten miteinander verbunden sind
- eine Netzwerkkarte (NIC = Network Interface Card) ist eine interne Karte, die Netzwerkverbindungen aufbaut

- ein Prozessor (CPU = Central Processing Unit) ist ein Chip, der für alle Rechenoperationen zuständig ist. Er arbeitet mit sehr hohen Taktfrequenzen (im Gigahertz-Bereich):
  - bei einem Single Core-Prozesor befindet sich auf dem Träger ein Prozessorkern
  - bei einem Dual Core-Prozessor befinden sich auf dem Träger zwei Prozessorkerne
  - bei einem Quad Core-Prozessor befinden sich auf dem Träger vier Prozessorkerne

- eine Soundkarte ist eine interne Karte für die Erstellung der Audiosignale, die anschließend über Lautsprecher ausgegeben werden

> **Onboard-Lösung**
> *Bestimmte Karten sind inzwischen als Chips direkt auf dem Mainboard vorhanden (häufig bei Sound-, Netzwerk- und Grafikkarten). Es wird keine separate Karte mehr benötigt, was dadurch Platz im IT-System spart. Sie sind oft nicht so leistungsfähig wie „richtige" Karten, aber dafür kostengünstig.*

Speichermedien

Sie dienen der Speicherung von Daten aller Art. Einige Speichermedien können nur einmal mit Daten beschrieben werden (z. B. CD-ROM, DVD-ROM), andere sind wieder beschreibbar und können mehrmals mit Daten beschrieben werden (z. B. Festplatten oder Speicherkarten).

- Eine CD-ROM (Compact Disc Read-Only Memory) ist ein dauerhafter einmaliger Speicher, bei dem die Daten auf einer beschichteten Plastikscheibe gespeichert und mittels Laser gelesen werden.

- Eine DVD-ROM (Digital Versatile Disc Read-Only Memory) gleicht vom Aussehen und Aufbau einer CD-ROM, jedoch mit einer größeren Speicherkapazität. Es ist möglich, zwei Ebenen (Layer) auf einer DVD unterzubringen, um die Speicherkapazität zu verdoppeln.

- Eine Blu-Ray-Disc gleicht vom Aussehen und Aufbau einer CD-ROM, jedoch mit einer größeren Speicherkapazität. Es ist möglich, bis zu vier Ebenen (Layer) auf einer Blu-Ray-Disc unterzubringen, um die Speicherkapazität zu erhöhen.

- Eine Festplatte (HDD = Hard Disc Drive) ist ein dauerhafter, wieder beschreibbarer Speicher, bestehend aus mehreren schnell drehenden Metallscheiben, auf denen Anwendungen und Daten (z. B. Textdokumente, Bilder oder Musikdateien) gespeichert werden.

- Eine Solid State Disc (SSD) ist eine Sonderform der Festplatte, bei der alle mechanischen Teile durch einen Speicherchip ersetzt wurden.

- Eine SD-Card (Secure Digital-Card) ist eine Speicherkarte für unterschiedliche Anwendungen (z. B. Digitalkameras). Eine Micro SD-Card ist eine SD-Card in kompakter Bauform für z. B. Smartphones oder Tablet-PCs.

- Ein NAS (Network Attached Storage) enthält mehrere Festplatten im RAID-Verbund und stellt seine Speicherkapazität allen Nutzern eines Netzwerkes zur Verfügung.

Begriffe	Merkmale
Cluster	die kleinste Speicherzelle auf einem Datenträger
Sektor	Steuerung der Software über Dialogfenster durch den Benutzer ein Speicherbereich, der aus mehreren Clustern besteht
Datenzuordnungs-tabelle	speichert, wo sich der Speicherplatz einer Datei auf dem Datenträger befindet
Defragmentieren	fügt Datenfragmente zusammen, die bei der Speicherung auf dem Datenträger geteilt wurden
Formatieren	löscht Daten auf einem wieder beschreibbaren Datenträger z. B. Fest-platte oder Speicherkarte; es wird dabei nur die Datenzuordnungs-tabelle gelöscht, die Daten sind weiterhin noch physikalisch auf dem Datenträger vorhanden und können mittels Datenwiederherstellungs-programmen gefunden werden
Partitionierung	die gesamte Speicherkapazität wird in mehrere unabhängige Teilberei-che (Partitionen) aufgeteilt. • von einer <u>primären Partition</u> kann gestartet werden (max. 4 Stück) • eine <u>erweiterte Partition</u> nimmt die logischen Partitionen auf (ent-spricht einer primären Partition) • eine <u>logische Partition</u> ist nicht startfähig, auf ihr werden beispiels-weise Anwenderdaten gespeichert

Tabelle 46: Begriffe der Speichermedien

Schnittstellen

Sie stellen eine Verbindung zwischen den einzelnen Komponenten her. An interne Schnitt-stellen werden interne Komponenten (meistens Karten) angeschlossen, an externe Schnitt-stellen können externe Komponenten (z. B. Monitor, Drucker) angeschlossen werden:

• AGP (Accelerated Graphics Port) ist eine Schnittstelle auf dem Mainboard für Grafikkarten
• DVI (Digital Visual Interface) ist eine externe Schnittstelle für digitale Bildsignale
• FireWire (IEEE 1394) ist eine externe Schnittstelle für serielle Datenübertragung
• Game-Port ist eine externe 15-polige Schnittstelle, an die Eingabegeräte für Spiele oder MIDI-fähige Geräte angeschlossen werden
• HDMI (High Definition Multimedia Interface) ist eine externe Schnittstelle zur digitalen Übertragung von Bild- und Tonsignalen
• Parallel-Port (LPT1 bzw. IEEE 1284) ist eine externe 25-polige Schnittstelle für parallele Datenübertragung und wird meistens für Drucker verwendet
• PCI (Peripheral Component Interconnect) ist eine interne Schnittstelle auf dem Main-board für diverse Karten (z. B. Soundkarte)
• PCI Express ist eine Weiterentwicklung der PCI-Schnittstelle, bietet eine höhere Daten-übertragungsrate und wird häufig für Grafikkarten oder Festplattencontroller verwendet

- **PCMCIA** (PC Memory Card International Association) ist eine Einschubkarte für Notebooks für unterschiedliche Einsatzzwecke
- **PS/2-Anschluss** ist eine externe Schnittstelle für Maus (türkis) und Tastatur (lila)
- **Seriell-Port** (COM bzw. RS-232) ist eine externe 9-polige Schnittstelle für serielle Datenübertragung und wird meist für Eingabegeräte verwendet
- **USB** (Universal Serial Bus) ist eine externe serielle Schnittstelle mit hohen Datenübertragungsraten, an die verschiedene Geräte angeschlossen werden können
- **VGA** (Video Graphics Array) ist eine externe 15-polige Schnittstelle an der Grafikkarte, an die der Monitor oder ein Beamer angeschlossen wird

externe Komponenten eines IT-Systems

Sie werden von außen an ein IT-System angeschlossen und sind teilweise für den Grundbetrieb erforderlich. Dazu zählen alle Eingabe- und Ausgabegeräte.

Eingabegeräte

Sie dienen zur Eingabe von Daten und zur Steuerung des IT-Systems:

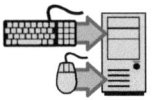

- ein **Barcodeleser** liest Daten, die als Barcode codiert sind.
- mit einem **Grafiktablett** können mit Hilfe eines speziellen Stiftes Eingaben (z. B. Zeichnungen oder Handschrift) gemacht werden
- mit einem **Joystick** werden Steuerbefehle für Positionierung eingegeben
- mit einer **Maus** werden Steuerbefehle (z. B. ziehen, klicken) eingegeben
- mit einem **Mikrofon** werden Audiodaten bzw. Sprachbefehle eingegeben
- ein **Scanner** liest Grafiken und Text in den PC zur Bearbeitung oder Archivierung ein
- mit einer **Tastatur** werden Steuerbefehle und Zeichen bzw. Text eingegeben
- mit einem **Touchpad** werden Steuerbefehle eingegeben (ähnlich einer Maus)
- ein **Touchscreen** ist ein berührungsempfindlicher Bildschirm, über den Eingaben mittels speziellem Stift oder dem Finger gemacht werden können

Ausgabegeräte

Sie dienen zur Ausgabe von Daten:

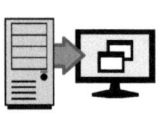

- ein **Beamer** eignet sich zur Anzeige auf einer großen Fläche (z. B. Leinwand) für viele Betrachter
- ein **Drucker** gibt am PC erstellte Dokumente oder Grafiken auf Papier aus
- ein **Lautsprecher** gibt Tonsignale, die von der Soundkarte erzeugt werden, aus
- ein **Monitor** (Bildschirm) gibt Bildsignale, die von der Grafikkarte erzeugt werden, aus
- ein **Plotter** (Kurvenschreiber) gibt am PC erstellte Grafiken (z. B. Zeichnungen) auf großen Papierformaten (bis DIN-A0) aus

Arten von IT-Systemen

- Ein Desktop-PC ist ein stationärer Computer, der für Arbeiten an einem Schreibtisch entwickelt wurde.
- Ein Laptop/Notebook ist ein kleiner, tragbarer Computer in einem kompakten Gehäuse, der unterwegs mittels Akku verwendet werden kann.
- Ein Netbook ist ein kleiner, tragbarer Computer mit eingeschränkter Leistung zum mobilen Arbeiten (ähnlich einem Notebook).
- Ein Server ist ein leistungsstarker Computer, der seine Dienste allen im Netzwerk angeschlossenen Teilnehmern anbietet.

  ⇨ *Siehe auch unter Client-Server-Architektur auf Seite 122.*

- Ein Tablet-PC ist ein sehr flacher und kompakter Computer mit eingeschränkter Leistung und Funktionsumfang, bei dem Eingaben direkt über einen Touchscreen erfolgen.

6.1.3 Einsatzmöglichkeiten

Die Einsatzmöglichkeiten eines IT-Systems sind heutzutage grenzenlos. Es lassen sich fast alle Vorgänge durch ein IT-System unterstützen bzw. ganz ersetzen. IT-Systeme sind in den meisten Branchen im Einsatz und dort kaum noch wegzudenken.

typische Einsatzmöglichkeiten eines IT-Systems		
CIM	Industrie 4.0	Cloud Computing

Abbildung 102: Überblick über typische Einsatzmöglichkeiten eines IT-Systems

CIM

steht für Computer Integrated Manufacturing (computerintegrierte Produktion) und ist ein Konzept, bei dem Computer aus allen mit der Produktion verknüpften Bereichen vernetzt sind und zusammenarbeiten. Die anfallenden auftrags- und produktionsrelevanten Daten werden in einer zentralen Datenbank gespeichert und verwaltet.

Anforderungen an eine Datenbank im CIM-Konzept:
- geringe Ausfallwahrscheinlichkeit
- passend (kompatibel) zu den verschiedenen Datenformaten und Betriebssystemen
- muss für alle entsprechenden Benutzer im gesamten Unternehmen zugänglich sein
- Unterstützung von komplexen Datenstrukturen und Querbeziehungen
- Vermeidung von Redundanzen (Doppelspeicherung von Daten)

Vorteile durch die Einführung eines CIM-Systems:

- ✓ bessere Auslastung der vorhandenen Fertigungskapazitäten
- ✓ geringere Lagerbestände und hohe Materialverfügbarkeit durch bessere Planung
- ✓ erhöhen der Wettbewerbsfähigkeit
- ✓ minimieren der Kosten
- ✓ optimieren des gesamten Produktionsprozesses
- ✓ schnelle Produktverfügbarkeit (Time-to-Market) und
- ✓ schnelle Reaktion auf geänderte Marktanforderungen
- ✓ schnellere Durchlaufzeiten und bessere Termingenauigkeit
- ✓ steigern und verbessern der Effizienz

Bestandteile des CIM-Konzeptes						
CAE	CAD	CAP	CAM	CAQ	PPS	ERP

Abbildung 103: Überblick über die Bestandteile des CIM-Konzeptes

- **CAE** (Computer Aided Engineering = rechnergestützte Entwicklung) erleichtert das Erstellen von Produktentwürfen und ermöglicht eine schnellere Produktentwicklung
- **CAD** (Computer Aided Design = rechnergestütztes Konstruieren) ermöglicht eine schnelle und einfache Erstellung von Konstruktionszeichnungen
- **CAP** (Computer Aided Planing = rechnergestützte Arbeits- und Montageplanung) erleichtert die Fertigungsplanung z. B. Arbeitsplanung und NC-Programmierung
- **CAM** (Computer Aided Manufactoring = rechnergestützte Fertigung) ermöglicht die Überwachung und Steuerung von Anlagen sowie Transport-/Lagersystemen
- **CAQ** (Computer Aided Quality Assurance = rechnergestützte Qualitätssicherung) erstellt aus CAD-Daten fertige Prüfprogramme/-pläne und wertet ermittelte Kontrollwerte aus
- **PPS** (Produktionsplanung und -steuerung) plant, steuert und überwacht alle Produktionsabläufe in einem Unternehmen und ist mit der Betriebsdatenerfassung (BDE) vernetzt

Einige Aufgaben eines PPS-Systems:

- bestimmt die Reihenfolge der Auftragsdurchführung
- erzeugt entsprechende Stücklisten und Arbeitspläne
- kontrolliert die Kosten und Wirtschaftlichkeit durch Soll-Ist-Vergleiche
- plant und bestimmt Anfangs- und Endtermine der Produktionsaufträge
- überprüft die Verfügbarkeit aller erforderlichen Ressourcen eines Auftrages
- verwaltet die Stammdaten in zentralen Datenbanken

- **ERP** (Enterprise-Resource-Planning) erweitert das PPS-System und umfasst und verwaltet alle im Unternehmen vorhandenen Ressourcen (Betriebsmittel, Kapital und Personal)

Industrie 4.0

Digitalisiert die Anlagen und vernetzt alle Produktionsfaktoren (Maschinen, Menschen, Prozesse und Produkte) eng miteinander. Sie kommunizieren miteinander und bilden eine Einheit.

Vorteile von Industrie 4.0:
- ✓ Steigerung der Effizienz
- ✓ Ressourcen können eingespart werden
- ✓ nachvollziehbare produktionsrelevante Prozesse

 Siehe auch unter Lean-Konzepte auf Seite 76.

Cloud Computing

bedeutet übersetzt Rechnerwolke und beschreibt die Bereitstellung von IT-Infrastruktur wie z. B. Anwendungssoftware, Rechenleistung oder einfach nur Speicherplatz als Dienstleistung über das Internet.

Vorteile von Cloud Computing	Nachteile von Cloud Computing
✓ Kostenvorteile ✓ lokale Ressourcen (Software und Hardware) können eingespart werden ✓ Ressourcen werden effizient genutzt ✓ genutzte Kapazität lässt sich variabel an den tatsächlichen Bedarf kurzfristig anpassen (Flexibilität und Skalierbarkeit) ✓ geringer Investitionsbedarf ✓ steuerlicher Ansatz der Gebühren	✘ Absicherung des Zugriffs auf die Daten beim Transfer zwischen Client und Server ✘ oftmals keine oder unzureichende Verschlüsselung der Daten ✘ Administratoren des Cloud-Anbieters haben Zugriff auf Nutzerdaten ✘ Kontrolle der privaten Daten durch die marktdominanten Anbieter möglich ✘ Abhängigkeit vom jeweiligen Anbieter

Tabelle 47: Vor- und Nachteile von Cloud Computing

Merkmale für Cloud Computing:
- Selbstzuweisung von Leistungen bei Bedarf aus der Cloud durch den Nutzer
- Skalierbarkeit bietet eine Entkopplung von Nutzungsschwankungen und Infrastrukturbeschränkungen
- Zuverlässigkeit und Ausfalltoleranz garantieren definierte Qualitätsstandards der IT-Infrastruktur für den Nutzer
- Optimierung und Konsolidierung bietet Effizienz und Ökonomie in Anpassung an fortlaufende Umweltschutzstandards
- Qualitätssicherung und -kontrolle kann fortlaufend durch den Diensteanbieter überwacht und sichergestellt werden, ohne dass die Nutzer belastet werden müssen

Cloud-Liefermodelle:

- die Public Cloud (öffentliche Rechnerwolke) bietet Zugang zu IT-Infrastrukturen für die Öffentlichkeit über das Internet
- die Private Cloud (private Rechnerwolke) bietet Zugang zu IT-Infrastrukturen, deren Hardware sich innerhalb der eigenen Organisation befindet
- die Hybrid Cloud (hybride Rechnerwolke) bietet kombinierten Zugang zu IT-Infrastrukturen aus Public Clouds und Private Clouds, nach den Bedürfnissen der Nutzer
- die Community Cloud (gemeinschaftliche Rechnerwolke) ähnlich der Public Cloud, ist jedoch für einen kleineren Nutzerkreis, der sich die Kosten teilt (bspw. mehrere Firmen)

Cloud-Servicemodelle:

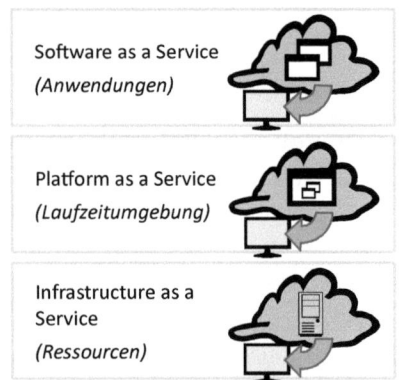

- Software as a Service (SaaS) bietet die Nutzung von Software. Nutzer können zwischen verschiedenen Software-Anwendungen auswählen, die vom Dienstanbieter bereitgestellt und unterhalten werden.
- Platform as a Service (PaaS) bietet die Nutzung von Laufzeitumgebungen mit flexiblen Rechen- und Datenkapazitäten. Nutzer führen ihre eigenen Software-Anwendungen innerhalb einer vom Dienstanbieter bereitgestellten Softwareumgebung aus.
- Infrastructure as a Service (IaaS) bietet die Nutzung von Computerhardware-Ressourcen wie Rechnern, Netzen und Speicher. Nutzer können ihre eigenen virtuellen Computer-Cluster einrichten und sind für die Auswahl, Installation, Betrieb und Funktion ihrer Software selbst verantwortlich.

Abbildung 104: Cloud-Servicemodelle

6.1.4 Auswahl eines IT-Systems

Anforderungen/Auswahlkriterien

Bevor ein IT-System angeschafft wird, sind neben der eigentlichen Funktionsbestimmung (»Was soll das System am Ende können?«) auch weitere Fragen bezüglich den Anforderungen und Auswahlkriterien zu klären:

Auswahlkriterien	mögliche Fragen
Welche betrieblichen Anforderungen existieren?	✓ Werden die gesetzlichen und betrieblichen Vorgaben bezüglich Datensicherheit und Datenschutz erfüllt? ✓ Ist das neue System zur bisherigen Hard-/Software kompatibel? ✓ Kann das System an bestehende Abläufe angepasst werden?

Auswahlkriterien	mögliche Fragen
Wie ist die Dokumentation bzw. Schulung?	✔ Existiert eine Online- oder Kontexthilfe? ✔ In welcher Sprache ist die Dokumentation verfasst? ✔ Wie groß ist das Angebot an vorhandenen Schulungen? ✔ Wie umfangreich und verständlich ist die Dokumentation?
Welche für Information existieren über den Hersteller?	✔ Existieren verlässliche Referenzen? ✔ Welche wirtschaftliche Situation hat der Hersteller? ✔ Welche Serviceleistungen (Garantie, Updates, Wartungen, Hotline) werden angeboten? ✔ Welche Erfahrungen, Kompetenzen, Marktposition und Image hat der Hersteller?
Welche Kosten entstehen dabei?	✔ Wie viel kosten Schulungen? ✔ Welche Kosten fallen für Lizenzen an? ✔ Wie hoch sind die Anschaffungskosten des kompletten Systems? ✔ Wie hoch sind die laufenden Kosten für Updates und Wartungen?
Wie ist der Leistungsumfang bzw. Qualität?	✔ Werden alle geforderten Leistungsanforderungen erfüllt? ✔ Ist die Bedienung verständlich? ✔ Wie zuverlässig und stabil läuft das System? ✔ Ist der Quellcode für spätere Änderungen verfügbar?
Welche rechtlichen Kriterien müssen beachtet werden?	✔ Welche Vertragsformen bietet der Hersteller an (Kauf, Miete)? ✔ Wie viel umfasst die Gewährleistung und welche Garantien existieren? ✔ Existieren eventuelle Lizenzmodelle?
Welche zeitlichen Kriterien müssen beachtet werden?	✔ Wie lange dauert die Installation und anschließende Testphase? ✔ Wie lange ist die garantierte Reaktionszeit im Störungsfall? ✔ Wie lange sind die Lieferzeiten?

Tabelle 48: mögliche Fragen zu den Auswahlkriterien für ein IT-System

Investitions- und Beschaffungsplanung

Ausschreibung	Angebotsanalyse	Gespräche	Vertragsverhandlung	Finanzierung
Auswahl und Anschreiben der in Frage kommenden Anbieter	Analyse der Angebote und Vorauswahl der Anbieter	führen von Gesprächen mit den ausgewählten Anbietern, um Details und offene Fragen zu diskutieren	führen der Vertragsverhandlung mit dem ausgewählten Anbieter *(Ziel ist ein Kompromiss zwischen dem Standardvertrag des Anbieters und den eigenen Interessen)*	Wie wird die Anschaffung finanziert und das System abgeschrieben?

Lastenheft!

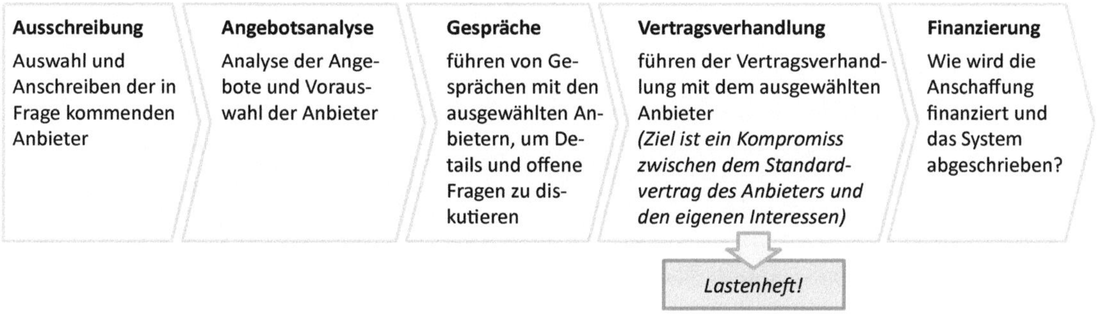

Abbildung 105: Ablauf der Investitions- und Beschaffungsplanung eines IT-Systems

6.1.5 Software

Alle Programme, die für ein IT-System bestimmt sind:

- ein **Betriebssystem** ist eine komplexe Software, die umfangreiche Funktionen für den Betrieb eines PCs bereitstellt, z. B. Speicherverwaltung, Zusammenarbeit zwischen den einzelnen Hardwarekomponenten
- ein **BIOS** (Basic Input/Output System) ist die grundlegende Software zum Starten des Computers und legt elementare Einstellungen wie beispielsweise Startreihenfolge, Aktivierung/Deaktivierung bzw. die Einstellungen von bestimmen Hardwarefunktionen fest
- ein **Treiber** ist eine spezielle Software, die für den Betrieb und die Funktion von Hardwarekomponenten erforderlich ist, z. B. Druckertreiber, Grafiktreiber

Standardsoftware

Sie besitzt einen großen Leistungsumfang, um möglichst viele Anwender ansprechen zu können.

Vorteile einer Standardsoftware	Nachteile einer Standardsoftware
✓ preiswerte Anschaffung ✓ zusätzliche Funktionen in Form von kostengünstigen Updates ✓ schnelle Lieferzeit (ist bereits verfügbar) ✓ kostengünstiges und vielseitiges Angebot an Schulungen ✓ viele Lieferanten zur Auswahl	✗ kaum Anpassungsmöglichkeiten an die eigenen Anforderungen ✗ zu komplexer Leistungsumfang, der meist nicht genutzt wird ✗ kein Kontakt mit dem Softwarehersteller ✗ kein Einfluss bei Programmfehlern

Tabelle 49: Vor- und Nachteile einer Standardsoftware

> **Open Source-Software (quelloffene Software)**
> *Eine Software mit spezieller Lizenz: Der Programmcode (Quellcode) dieser Software ist öffentlich zugänglich und darf frei kopiert sowie verändert oder unverändert weiterverbreitet werden.*

Individualsoftware

Sie wird speziell nach den Bedürfnissen und Wünschen des Anwenders entwickelt.

Vorteile einer Individualsoftware	Nachteile einer Individualsoftware
✓ enger Kontakt mit dem Softwarehersteller ✓ genau auf die Anforderung zugeschnitten ✓ schnelle Abhilfe bei Programmfehlern ✓ zusätzliche Änderungen möglich	✗ kaum Auswahl an Softwarefirmen ✗ lange Entwicklungszeit ✗ spätere Änderungen sind oft teuer ✗ teure Anschaffung

Tabelle 50: Vor- und Nachteile einer Individualsoftware

> **HINWEIS**
> *Bei einer Individualsoftware muss vertraglich vereinbart werden, ob der Programmcode (Quellcode)*
> *mitgeliefert wird, denn ohne ihn sind spätere Änderungen an der Software nicht mehr möglich.*

Einteilung der Programmiersprachen

Eine Programmiersprache ist die Sprache, in der der Programmcode geschrieben ist.

- Bei einer Compilersprache wird der Programmcode nach dem Programmieren <u>einmalig</u> in die Maschinensprache übersetzt. Die Anwendung startet schnell, kann allerdings nicht mehr geändert werden (z. B. EXE-Dateien).
- Bei einer Interpretersprache wird der Programmcode bei jedem Start <u>erneut</u> in die Maschinensprache übersetzt. Die Anwendung startet langsamer, kann allerdings einfach geändert werden (z. B. HTML-Seiten, Stapelverarbeitungsdateien).

> **HINWEIS**
> *Eine **Makrosprache** ist keine Programmiersprache, sondern eine Scriptsprache, um oft auszufüh-*
> *rende Abläufe in Programmen zu automatisieren (Makros).*

Softwareergonomie

Die Bedienung eines IT-Systems oder einer Software soll sich an das natürliche Arbeitsverhalten der Benutzer anpassen.

Ziele bei der Einführung neuer Software:
- Beseitigung von bestehenden Fehlern
- Erhöhen der Arbeitszufriedenheit und der Akzeptanz
- Steigerung der Produktivität und Wirksamkeit
- Verbesserung der Zuverlässigkeit
- Vermeidung von Ermüdung und Eintönigkeit

Begriffe	Merkmale
Aufgabenangemessenheit	geeignete Funktionen, kaum unnötige Interaktionen (einseitige Handlungen zwischen Mensch und Computer, z. B. Klicks oder Eingaben)
Erwartungskonformität	was erwartet wird, sollte auch eintreffen
Fehlertoleranz	verhindern von Fehlern durch falsche Bedienung, leichte Korrektur und leicht rückgängig machbar
Individualisierbarkeit	anpassen an den Benutzer und an die zu verrichtende Arbeit

→ *siehe Fortsetzung der Begriffe der Softwareergonomie auf der nächsten Seite*

Begriffe	Merkmale
Lernförderlichkeit	Anleitungen (Tutorials) und Kontext- bzw. Onlinehilfe
Selbstbeschreibungs-fähigkeit	verständlich durch eindeutige Ausdrücke, Aktionen und Rückmeldungen
Steuerbarkeit	Steuerung der Software über Dialogfenster durch den Benutzer

Tabelle 51: Begriffe der Softwareergonomie

Benutzerfreundlichkeit (Usability)

Programme sollen so ausgelegt sein, dass sie die Tätigkeit der Anwender best-möglich unterstützen, ohne dass sich die Anwender ausgiebig mit der neuen Software beschäftigen müssen.

Barrierefreiheit

Eine Software sollte Maßnahmen enthalten, dass auch Menschen mit körperli-chen Einschränkungen sie problemlos nutzen können:

- Bildschirmleser (liest Texte/Meldungen auf dem Bildschirm vor)
- Bildschirmlupe (vergrößert Ausschnitte des Bildschirms)
- Doppelklickintervall beliebig einstellbar
- Position des Mauszeigers anzeigen, wenn eine bestimmte Taste gedrückt wird
- Tastaturmaus (Steuerung der Maus mit den Pfeiltasten der Tastatur)

Bildschirmarbeitsverordnung (DIN EN ISO 9241)

Die Bildschirmarbeitsverordnung (BildschArbV) ist eine Verordnung über Sicherheit und Gesundheitsschutz bei der Arbeit an Bildschirmgeräten. Sie ist geltendes Recht in Deutschland und wurde am 4. Dezember 1996 eingeführt.

> *Hardwareergonomie*
> *Sie befasst sich mit den psychischen und mentalen Bedingungen der Benutzer. Werden diese nicht beachtet, sind z. B. Kopfschmerzen oder Haltungsschäden die Folge.*

Einsatzmöglichkeiten von Software

Einsatzmöglichkeiten von Software								
Daten-banken	Desktop-Publishing	Grafik-erstellung	Group-ware	Internet-browser	Präsen-tationen	Projekt-planung	Tabellen-kalkulation	Textverar-beitung

Abbildung 106: Überblick über die Einsatzmöglichkeiten von Software

- Eine Datenbank-Software kann große Datenmengen verwalten. Auf die Daten in einer Datenbank können mehrere Benutzer gleichzeitig zugreifen und sie können für bestimmte Benutzer durch Zugriffsrechte gesperrt werden.

- Eine Desktop-Publishing-Software dient zum Erzeugen von Druckvorlagen mittels bekannten Funktionen aus Textverarbeitungs-, Grafik- und Präsentationsprogrammen.

- Eine Grafikerstellungs-Software dient zur Erstellung von Grafiken und Zeichnungen.

  - Eine Malsoftware erstellt Grafiken in einem Pixelformat (Rastergrafiken/Bitmap), d.h. die Grafik besteht aus vielen Bildpunkten (Pixeln).

    Rastergrafik
    Kann fotorealistische Darstellungen speichern, ist an eine feste Auflösung gebunden und benötigt sehr viel Speicherplatz. Änderungen an einer bereits fertig erstellten Rastergrafik sind nur noch schwer möglich bzw. aufwendig.

  - Eine Zeichensoftware erstellt Grafiken in einem Vektorformat, d.h. jedes Element wird durch Punkte (Koordinaten) und Linien (Vektoren) bestimmt.

    Vektorgrafik
    Jedes Element kann jederzeit verändert werden, ist an keine feste Auflösung gebunden (kann ohne Qualitätseinbußen vergrößert werden) und benötigt kaum Speicherplatz. Fotorealistische Darstellungen sind nur sehr begrenzt möglich.

- Eine Groupware-Software verwaltet die Informationen für Arbeitsgruppen (ermöglicht z. B. E-Mail, Adressen- und Kalenderverwaltung). Die Informationen stehen so überall zur Verfügung und werden an einem zentralen Ort gespeichert bzw. gepflegt.

- Ein Internetbrowser kann Informationen im Internet/Intranet abrufen und anzeigen. Die gewünschten Informationen werden durch Eingabe einer Internetadresse oder über Links (Querverweise zu anderen Seiten) angefordert.

- Eine Präsentations-Software stellt verschiedene Inhalte wie Texte, Grafiken, Diagramme oder Multimediadateien zu einer Präsentation zusammen, die anschließend auf einem Bildschirm oder Beamer gezeigt werden kann.

- Eine Projektplanungs-Software unterstützt die Planung und Durchführung von Projekten. Sie erstellt die Projektgliederung und legt Meilensteine fest, berechnet Vorgänge/Puffer-zeiten und ermittelt die notwendigen Ressourcen.

- Eine Tabellenkalkulations-Software wird zur Berechnung und Aufnahme von Zahlen und zur Erstellung von Statistiken und Diagrammen verwendet.

- Eine Textverarbeitungs-Software wird zum Schreiben von Texten verwendet, die mit Grafiken und Tabellen angereichert werden können.

6.1.6 Lastenhefte

Das Lasten- und Pflichtenheft bildet die Vertragsgrundlage zwischen Auftraggeber (Kunde) und Auftragnehmer (Hersteller). Das Lastenheft wird vom Kunden erstellt und enthält alle Anforderungen und Funktionen, die er vom Hersteller fordert.

Aufbau eines Lastenheftes:

- ☑ Zielbestimmungen
- ☑ Produkteinsatz
- ☑ Produktfunktionen
- ☑ Produktdaten
- ☑ Produktleistungen
- ☑ Qualitätsanforderung
- ☑ Ergänzungen

Inhalte und Anforderungen:

- Muss- oder KO-Kriterien werden für einen reibungslosen Betrieb zwingend benötigt. Wird ein einziges Kriterium nicht erfüllt, scheidet das Angebot aus.

- Soll-Kriterien sind zwar nicht unbedingt erforderlich, erleichtern aber dennoch die Anwendung.

- Kann-Kriterien bieten nur geringe Vorteile, die meistens mehr Kosten verursachen als sie Nutzen bringen.

Erstellungsarten:

- Beim Bottom-up-Design wird durch Wegstreichen von nicht benötigen Leistungsmerkmalen eines kompletten, bereits bestehenden und lieferbaren Systems ein individuelles Lastenheft erstellt.

- Beim Top-down-Design wird von einer bestimmen Idee oder Funktion ein individuelles Lastenheft durch weitere Detaillierung der Anforderungen erstellt.

Pflichtenheft
Wird vom Auftragnehmer (Hersteller) erstellt und enthält alle vom Kunden vorgegebenen Anforderungen, welche dort genauer beschrieben werden, sowie Lösungsansätze, wie die Anforderungen umgesetzt werden sollen.

6.1.7 Implementierung von Software

Implementierung ist die Einführung von <u>Erweiterungen</u> an einem schon bestehenden System. Dabei erfolgt keine Installation eines Systems.

Phasenmodelle der IT-Systemeinführung

Wasserfallmodell

Der gesamte Prozess wird in einzelne Phasen (Teil-abschnitte) unterteilt. Jede einzelne Phase kann wieder in weitere Teiltätigkeiten aufgeteilt werden. Man kann erst in die nachfolgende Phase gelangen (rechte Pfeile), wenn das Ergebnis der aktuellen Phase überprüft wurde und den Anforderungen entspricht. Wenn nicht, muss diese Phase noch ein-mal wiederholt werden (Iteration = Wiederholung, linke Pfeile).

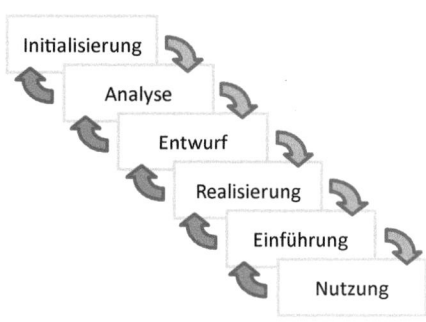

Abbildung 107: Wasserfallmodell

Drei-Phasenmodell

Planungsphase	Realisierungsphase	Produktionsphase
✓ Entwicklungsantrag ✓ Fachkonzept ✓ Grobschätzung der Kosten/Nutzen ✓ Ist-Aufnahme und Bewertung (SWOT) ✓ Lasten-/Pflichtenheft ✓ Projektauftrag ✓ Projektvorschlag ✓ Terminplanung ✓ Voruntersuchung	✓ Feinkonzept ✓ Programmierung bzw. Standardanpassung ✓ Realisieren der rechtlichen Bestimmungen ✓ Schnittstellen entwickeln und testen ✓ Systempflege und Weiter-entwicklung ✓ Tests	✓ Anwender schulen ✓ Datenübernahme ✓ Dokumentation ✓ Inbetriebnahme ✓ Schnittstellen in Betrieb nehmen ✓ Systembetreuung und -pflege

Abbildung 108: Drei-Phasenmodell der IT-Systemeinführung

Installation von Software (Roll-out)

Das Installieren ist das Kopieren und dauerhafte Abspeichern einer Software von einem Installationsmedium (z. B. CD oder DVD) auf ein Festplattenlaufwerk, um die Software schneller von dort zu starten.

• Bei einer Stichtagsinstallation wird die neue Software an einem fest definierten Zeit-punkt auf allen Arbeitsplätzen installiert. Im schlimmsten Fall droht der Totalausfall.

→ siehe Fortsetzung der Installationen auf der nächsten Seite

- Bei einer teilweisen Installation wird die neue Software immer nur auf wenigen Arbeitsplätzen installiert. Eventuelle Probleme können so schnell gelöst werden. Diese Installati-
onsart ist jedoch sehr zeitaufwändig.

- Bei einer parallelen Installation wird die neue Software neben der alten installiert, es
sind beide verfügbar. Bei eventuellen Problemen kann kurzzeitig wieder die alte Software
verwendet werden, allerdings besteht hier die Gefahr von Dateiinkompatibilität.

6.2 Wissensmanagement

Das Wissen wird unterschieden in explizites Wissen, welches formuliert und dokumentiert werden kann (z. B. Texte, Tabellen,
Grafiken) und in implizites Wissen, das auf persönlichen Werten
und Erfahrungen basiert.

Stufen der Wissenstätigkeit

Wissen identifizieren und analysieren	Wissen erzeugen	Wissen speichern	Wissen teilen	Wissen anwenden	Wissen bewahren
Welches Wissen steht bereits zur Verfügung und welches wird noch benötigt?	durch Forschen und Entwickeln	nur in den Köpfen gespeichertes Wissen kann verloren gehen *(Speicherung in Informationssystemen)*	Transfer des Wissens an den richtigen Ort, zur richten Zeit in der richtigen Qualität	zur Verfügung gestelltes Wissen muss angewendet werden *(Soll-Ist-Vergleiche decken Defizite auf)*	Wissensverlust durch Fluktuation oder mangelnde Anwendung *(entsprechend vorbeugen)*

Abbildung 109: Stufen der Wissenstätigkeit

Managementinformationssysteme

Managementinformationssysteme (MIS) dienen zur Unterstützung bei unternehmerischen
Entscheidungen. Sie stellen aus einer Vielzahl von internen und externen Datenquellen
über entsprechende Filter nur die gewünschten Daten zur Verfügung. Diese Daten werden
anschließend weiterverarbeitet, ausgewertet und zur Simulation von Entwicklungen (Sze-
narien) verwendet. Um verlässliche Ergebnisse zu erhalten, sollten die Daten so aktuell wie
möglich sein (Idealfall wäre in Echtzeit).

Aufbau eines Wissensmanagements

Data Warehouse (Datenlager)

Eine Datenbank, in der sich alle aufbereiteten Daten für ein MIS (Managementinformationssystem) befinden. Diese Daten sind eine Kopie von Daten aus den laufenden Systemen, die entsprechend gefiltert und angepasst wurden.

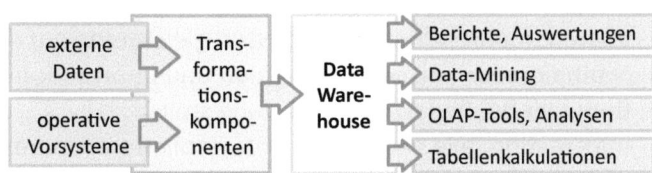

Abbildung 110: Funktionsschema eines Data Warehouse

Data Mart

Ein Auszug (Kopie) aus dem Datenbestand eines Data Warehouse. Es werden dabei nur die Daten kopiert, die für die jeweilige Auswertung benötigt werden. Die Grunddaten bleiben so unverändert und können erneut für andere Auswertungen verwendet werden.

Abfrage- und Berichtsysteme

Je nach Zweck werden verschiedene Abfrage- und Berichtsysteme unterschieden:

Systeme	Merkmale
Abfragesystem	(auch Query-System) zur Auswertung eines Datenbestandes
Alarmsystem	erstellt beim Erreichen von vorgegebenen Werten einen Bericht
Berichtsystem	erstellt wiederkehrende oder einmalige Auswertungen (Bericht)

Tabelle 52: Abfrage- und Berichtsysteme

Data Mining

Data Mining versucht, Zusammenhänge in Datenbeständen aufzudecken, die vorher noch nicht ersichtlich waren. Dabei wird auf Methoden und Verfahren der künstlichen Intelligenz zurückgegriffen (so kann ein Internethändler beispielsweise herausfinden, welche Artikel zusammen mit anderen angebotenen Artikeln gekauft werden).

OLAP

OLAP (Online Analytical Processing) ist ein Verfahren, um auch ohne Programmierkenntnisse Datenmengen zu bearbeiten und auszuwerten. Die dazu notwendige Datenmenge stammt aus einem Data Warehouse oder einer Data Mart.

→ siehe Fortsetzung von OLAP auf der nächsten Seite

„FASMI" (Fast Analysis of Shared Multidimensional Information):

☑ **F**ast: Abfragen dürfen durchschnittlich 5 Sekunden, max. 20 Sekunden dauern

☑ **A**nalysis: sollte sämtliche benötigte Logik auch ohne Programmieraufwand verarbeiten können

☑ **S**hared: mehrere Benutzer müssen gleichzeitig auf die Daten zugreifen können

☑ **M**ultidimensional: soll Kennzahlen und Informationen effektiv speichern und sie dem Benutzer bei Bedarf zur Verfügung stellen

☑ **I**nformation: alle benötigten Daten sollen transparent zur Verfügung stehen

6.3 Kommunikationssysteme

6.3.1 Arten

LAN

Ein LAN (Lokal Area Network) ist die kleinste Netzwerkkategorie und beschreibt ein Netzwerk im Büro, in einem Gebäude oder auf dem Firmengelände.

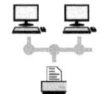

Vorteile eines LANs	Nachteile eines LANs
✓ alle Arbeitsplätze können auf Daten des zentralen Dateiservers zugreifen	✗ Ausfall eines Servers oder anderer Hardware (z. B. Drucker) betrifft alle vernetzen Arbeitsplätze
✓ einfacher Datenaustausch zwischen mehreren Arbeitsplätzen	✗ erfordert Spezialisten
✓ ermöglicht automatisierte Datensicherungen über das Netzwerk	✗ Implementierung verursacht hohe Kosten für Vernetzung und Hardware
✓ Multi-User-Lizenz ist kostengünstiger als mehrere Single-User-Lizenzen	✗ Viren breiten sich schnell aus
✓ teure Hardware (z. B. Drucker) kann von mehreren Arbeitsplätzen verwendet werden	✗ Wartung des Netzwerkes ist aufwendig
✓ zentraler Datenbestand kann einfacher verwaltet werden	

Tabelle 53: Vor- und Nachteile eines LANs

weitere Netzwerkarten:

- ein MAN (Metropolitan Area Network) verbindet mehrere LANs in einem Gebiet zu einem großen Netzwerk

- ein WAN (Wide Area Network) verbindet Rechner über Länder und Kontinente hinweg und stellt einen Anschluss an das Internet dar

- ein GAN (Global Area Network) verbindet Rechner über Kontinente hinweg, z. B. die Vernetzung weltweiter Standorte eines internationalen Konzerns

Übertragungsarten:

- bei simplex können die Daten <u>nur in eine Richtung</u> übertragen werden (entweder nur senden oder nur empfangen)

- bei duplex können die Daten <u>nacheinander</u> in beide Richtungen übertragen werden (entweder senden oder empfangen)

- bei vollduplex können die Daten <u>gleichzeitig</u> in beide Richtungen übertragen werden (senden und empfangen gleichzeitig)

Internet

Das Internet wird hauptsächlich zur Nachrichtenübermittlung (E-Mail) und zur Nutzung des enormen Informationsangebotes verwendet. Es ist ein riesiges globales Netzwerk, das durch die Vernetzung vieler einzelner Knoten (Rechner, Server und Netzwerke) entsteht. Durch die Art der Vernetzung (Maschentopologie) ist der Ausfall eines Knotens für die Funktionsfähigkeit des Internets nicht ausschlaggebend. Es gibt immer Wege, über die eine Nachricht vom Sender zum Empfänger gelangt.

> *Portale*
> *Webseiten, über die ein Benutzer seinen Besuch im Internet beginnt. Sie wird daher gleich nach dem Einwählen aufgerufen. Portale sind so aufgebaut, dass auf ihr die meisten Internetaktivitäten (z. B. E-Mail, Nachrichten) ausgeführt werden können.*

Intranet

Ein internes „Internet" in einer Firma, das nicht öffentlich zugänglich ist. Es werden dort Informationen und Daten sowie verschiedene Dienste angeboten. Die Beschäftigten können so einfach und von jedem Arbeitsplatz aus auf Unternehmensdaten zugreifen.

> *Extranet*
> *Es haben bestimmte Externe (z. B. Lieferanten und Partnerfirmen) eingeschränkten Zugriff auf bestimmte Bereiche und Informationen des Intranets.*

DSL

DSL (Digital Subscriber Line = digitaler Teilnehmeranschluss) ermöglicht hohe Datenübertragungsraten (mehrere Megabit) über normale Telefonleitungen. Bei DSL kann über die-
selbe Leitung gleichzeitig telefoniert und Daten übertragen werden. Ermöglicht wird dies
über einen Splitter, der die Telefonsignale von den DSL-Daten trennt.

- symmetrisches DSL (SDSL): gleiche Bandbreite für Versand und Empfang

- asymmetrisches DSL (ADSL): verschiedene Bandbreiten für Versand und Empfang (versendet wird mit einer geringeren Bandbreite → für das typische Surfverhalten: kleine
  Datenmengen verschicken, aber große Datenmengen empfangen)

Vorteile durch den Einsatz von DSL:
- ✓ hohe Datenübertragungsgeschwindigkeit
- ✓ mit einer Leitung kann gleichzeitig telefoniert und Daten übertragen werden
- ✓ Verwendung der bereits vorhandenen Anschlüsse (keine neuen Anschlüsse erforderlich)

6.3.2 Vermittlungstechniken

Durch die Vermittlungstechnik wird festgelegt, wie die Daten zwischen zwei Kommunikati-
onspartnern ausgetauscht werden.

Vermittlungstechniken	Merkmale
Paketvermittlung	vor dem Versenden werden die Daten in kleine Datenpakete aufgeteilt und zum Empfänger geschickt, der sie wieder zusammensetzt (es wird keine direkte Verbindung zwischen Sender und Empfänger aufgebaut)
Leitungsvermittlung	zwischen Sender und Empfänger wird eine direkte physikalische Verbindung aufgebaut, über die alle Daten übertragen werden
Wählverbindung	erst durch das Anwählen eines bestimmen Teilnehmers wird eine Verbindung über ein öffentliches Wählnetz aufgebaut, welche nach dem Beenden wieder getrennt wird
Festverbindung (Stand-/Mietleitung)	Sender und Empfänger haben eine ständige Verbindung, unabhängig von der Nutzung (über diesen Anschluss ist eine weitere Verbindung nicht möglich)

Tabelle 54: Vermittlungstechniken

6.3.3 Netzwerktopologie

Eine Netzwerktopologie beschreibt den Aufbau eines Netzwerkes.

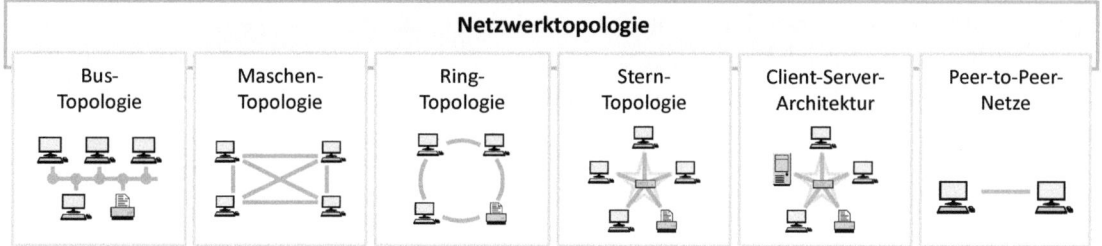

Abbildung 111: Überblick über die Netzwerktopologien

Bus-Topologie

Die einzelnen Netzwerkteilnehmer (z. B. PC, Drucker) sind über eine Leitung (Backbone) miteinander verbunden. Jeder Teilnehmer (Knoten) muss ständig den Datenstrom kontrollieren, ob die übertragenen Daten an ihn gerichtet sind. Bei parallelen Datenübertragungen entstehen Datenkollisionen, bei denen die Daten unbrauchbar werden und erneut übertragen werden müssen.

Maschen-Topologie

Die einzelnen Teilnehmer sind über mehrere Verbindungen miteinander verbunden. Diese Art der Verkabelung ist sehr aufwendig, gewährt aber eine hohe Ausfallsicherheit, da mehrere Wege zur Verfügung stehen. Sie wird hauptsächlich bei der Vernetzung von mehreren Servern in einem Hochverfügbarkeitsverbund (Clustersystem, z. B. Internet) verwendet.

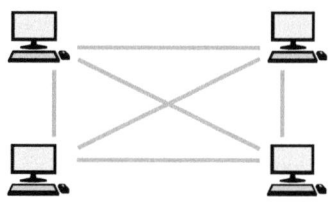

Ring-Topologie

Die zu übertragenden Daten werden von einem Teilnehmer zum nächsten im Kreis gereicht. Es kann immer nur der Teilnehmer Daten senden, der die aktuelle Sendeberechtigung hat. Dadurch werden Datenkollisionen wirksam verhindert.

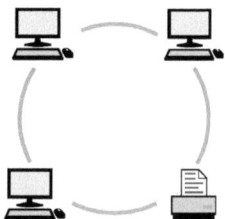

Stern-Topologie

Die am meisten angewandte Topologie in lokalen Netzwerken. Alle Teilnehmer sind über einen <u>zentralen Verteiler</u> (Hub oder Switch) miteinander verbunden. Fällt der Verteiler aus, bedeutet dies den kompletten Ausfall des Netzes. Das Netzwerk kann einfach erweitert werden, da bestehende Verkabelungen unberührt bleiben.

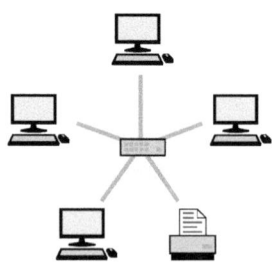

Client-Server-Architektur

Ein Server bietet seine Dienste bei Bedarf allen im Netzwerk angeschlossenen Teilnehmern (Clients) an.

- ein Anmeldeserver (Login-Server) ermöglicht die Benutzerkontenverwaltung über eine zentrale Stelle
- ein Dateiserver (File-Server) bietet Dateidienste für eine zentrale Datenspeicherung an
- ein Druckserver (Print-Server) ermöglicht Zugriff auf im Netzwerk freigegebene Drucker
- ein Mailserver bietet und verwaltet Postfächer der Benutzer
- ein Router bietet Clients einen gemeinsamen Internetzugang an
- auf einem Terminalserver laufen Programme, die normal auf den einzelnen Clients ausgeführt werden

Thin Clients
Sie dienen nur als Benutzerschnittstelle (nur Eingabe und Ausgabe). Die eigentliche Datenverarbeitung erfolgt auf einem Server, auf dem die Anwendungen installiert sind und nur dort ausgeführt werden.

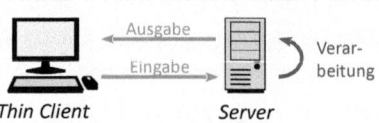

Abbildung 112: Funktion des Thin Clients

Vorteile von Thin Clients	Nachteile von Thin Clients
✓ benötigen wenig Platz auf dem Arbeitsplatz ✓ Energieeinsparung beim Betrieb und der Herstellung ✓ kostengünstige Anschaffung der Endgeräte ✓ längere Lebensdauer der Endgeräte ✓ mehr Datensicherheit, da sich Schadprogramme nicht ausbreiten können ✓ wenig Administrationsaufwand, da alles zentral auf dem Server gespeichert ist	✗ Ausfall des Servers bedeutet Ausfall der Endgeräte ✗ erfordert leistungsstarke Netzwerkstruktur und Server ✗ hoher Kostenaufwand bei der Umstellung

Tabelle 55: Vor- und Nachteile von Thin Clients

Peer-to-Peer-Netze (Peer2Peer oder P2P)

Alle vernetzen Rechner in einem Netzwerk sind gleichberechtigt. Sie sind Client und Server zugleich, d.h jeder Teilnehmer (Peer) kann direkt auf alle freigegebenen Ressourcen (z. B. Programme, Dateien oder Drucker) der anderen Teilnehmer zugreifen, dadurch wird kein Server benötigt.

6.3.4 Netzwerkkomponenten

Um eine Verbindung innerhalb eines Netzwerkes bzw. zwischen zwei Netzwerken z. B. Internet und internes Firmennetzwerk herzustellen (LAN-Kopplung), werden verschiedene Netzwerkkomponenten benötigt:

für Verbindungen <u>innerhalb</u> eines Netzwerkes:

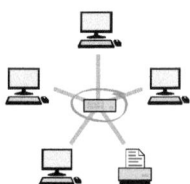

• ein Hub leitet jedes gesendete Datenpaket immer an alle angeschlossenen Teilnehmer weiter, unabhängig, ob es sich hierbei um den richtigen Empfänger des Datenpaketes handelt

• ein Switch kann im Gegensatz zum Hub die Netzwerkadressen der angeschlossenen Teilnehmer unterscheiden und stellt daher eine direkte Verbindung zwischen dem Sender und dem Empfänger her (die anderen Teilnehmer bekommen von dieser Verbindung nichts mit)

für Verbindungen <u>zwischen</u> zwei Netzwerken:

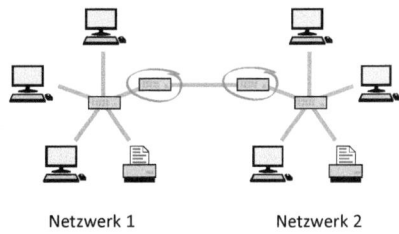

Netzwerk 1   Netzwerk 2

• eine Bridge stellt eine Verbindung zwischen zwei <u>gleichartigen</u> Netzwerken (mit dem gleichen Protokoll, z. B. TCP/IP) her und ermöglicht das Übertragen von Datenpaketen zwischen den Netzwerken

• ein Router stellt eine Verbindung zwischen zwei <u>gleichartigen</u> Netzwerken (mit dem gleichen Protokoll, z. B. TCP/IP) her und ermöglicht das Übertragen von Datenpaketen zwischen den Netzwerken; er wertet dabei die Protokollinformationen der Datenpakete aus und stellt meistens mehrere Filterfunktionen zur Verfügung

• ein Gateway stellt eine Verbindung zwischen zwei <u>unterschiedlichen</u> Netzwerken mit verschiedenen Protokollen (z. B. Internet und internes Firmennetzwerk) her und wandelt bei der Datenübertragung jeweils die Paketformate, Netzwerkadressen und Protokollinformationen für die andere Seite um

6.3.5 Dienste der Kommunikationstechnik

Dienste der Kommunikationstechnik						
Kommunika-tionsdienste	Internet-dienste	Video-konferenz	Tele- und Homebanking	e-Commerce	Telearbeit/ Homeoffice	e-Recruiting

Abbildung 113: Überblick über die Dienste der Kommunikationstechnik

Kommunikationsdienste

Alle Anwendungen, die eine Kommunikation ermöglichen, d.h. Informationen zwischen einem Sender und einem Empfänger austauschen.

- **E-Mail** (electronic mail = elektronische Post) entspricht der herkömmlichen Briefpost, nur auf elektronischer Basis mithilfe von Computer und Netzwerke. Es können Inhalte aller Art (Texte, Bilder, Multimediadaten) versendet werden.

Vorteile von E-Mail	Nachteile von E-Mail
✓ Daten können direkt weiterverarbeitet oder archiviert werden ✓ preiswerter als die Papierkommunikation ✓ schnelle weltweite Übermittlung ✓ unabhängiger Zeitpunkt beim Versenden und Empfangen	✗ benötigt eine IT-Infrastruktur ✗ Gefahr von Viren durch Dateianhänge

Tabelle 56: Vor- und Nachteile von E-Mail

- **VoIP** (Voice over IP) ist telefonieren über ein herkömmliches Datennetzwerk. Die einzelnen Sprach- und Steuerinformationen werden in Datenpakete aufgeteilt und über das Netzwerk übertragen.

Vorteile von VoIP	Nachteile von VoIP
✓ Basis für weitere Kommunikationstechniken (bspw. Videokonferenz) ✓ flexibel in der Anwendung, da Endgeräte an jedem Standort immer dieselbe Rufnummer haben ✓ kostenlos von VoIP zu VoIP ✓ nur noch eine Infrastruktur notwendig	✗ abhängig von der Internetverbindung ✗ Gefahr durch Abhören aufgrund von Schadprogrammen ✗ hohe Anschaffungskosten für Endgeräte ✗ schlechte Sprachqualität ✗ zusätzliches Fachwissen notwendig

Tabelle 57: Vor- und Nachteile von VoIP

Internetdienste

Alle Anwendungen, die das Internet den Benutzern zur Verfügung stellt. Die Grundlage ist das Client-Server-Modell, d.h. der Benutzer muss eine Verbindung zu einem entsprechenden Server aufbauen.

 Siehe auch unter Client-Server-Architektur auf Seite 122.

- World Wide Web (WWW) ist der Informationsdienst des Internets, die Eingliederung von anderen Diensten (z. B. E-Mail und Dateitransfer) ist möglich.
- Webmail erlaubt den Benutzerzugang zum Postfach ohne Mail-Client direkt im Browser (ermöglicht so den weltweiten Zugriff auf die eigenen Mails).
- Datei-Transfer (File Transfer Protocol [FTP]) über das Internet, die Daten werden auf Servern geladen, die dort heruntergeladen werden können.
- Telnet (Terminalemulation) erlaubt das gewollte Zugreifen auf andere Computer über das Internet.

Videokonferenz

Es werden Audio- und Videodaten zwischen den Teilnehmern übertragen.

Erforderliche Komponenten für den Einsatz:
- Bildschirm und Videokamera (für die Videodaten)
- Lautsprecher und Mikrofon/Headset (für die Audiodaten)
- Software für Videokonferenzen
- Übertragungseinheit (z. B. Netzwerkkarte)

Vorteile einer Videokonferenz	Nachteile einer Videokonferenz
✓ einfacher Dateitransfer von Dokumenten während einer „Sitzung" ✓ Zeit- und Reisekostenersparnis	✖ fehlender Blickkontakt ✖ geografische Trennung ✖ hohe Bandbreite erforderlich

Tabelle 58: Vor- und Nachteile einer Videokonferenz

Tele- und Homebanking

Tele- und Homebanking ermöglichen Bankgeschäfte (z. B. Überweisungen) weltweit per Telefon bzw. über das Internet.

- Beim Telebanking können Bankgeschäfte über das <u>Telefon</u> erfolgen. Nach Identifikation (mit Name, Kontonummer, PIN und Passwort) können einem Bankmitarbeiter die auszuführenden Transaktionen mitgeteilt werden. Auch hier besteht die Gefahr des Abhörens der Verbindung, wenn die Bankdaten durchgegeben werden.

- Beim Homebanking können von jedem ans Internet angeschlossenen <u>Computer</u> rund um die Uhr Bankgeschäfte erledigt werden. Die Anmeldung erfolgt über PIN (persönliche Identifikationsnummer) und Passwort. Um die gewünschte Transaktion (Auftrag an die Bank) ausführen zu können, muss eine entsprechende TAN (Transaktionsnummer) eingegeben werden.

Vorteile von Homebanking	Nachteile von Homebanking (Risiken)
✓ meist kostenlose Kontoführung ✓ sämtliche Konto- und Depotinformationen können rund um die Uhr eingesehen werden ✓ Überweisungen können terminiert werden ✓ unabhängig von den Öffnungszeiten der Bank ✓ Weg- und Zeitersparnis	✗ Gefahr durch Ausspionieren der Zugangsdaten bzw. mitlesen und verändern der Daten während einer Verbindung

Tabelle 59: Vor- und Nachteile von Homebanking

e-Commerce

Bei e-Commerce (electronic commerce = elektronischer Handel) findet der Handel mit Dienstleistungen, Informationen oder Produkten ausschließlich über das Internet statt, d.h. sie werden über das Internet angeboten, verkauft und auch bezahlt. Voraussetzung ist die Verwendung von EDI (Electronic Data Interchange), das sind standardisierte Formate, um die Informationssysteme aller an einer Lieferkette mitwirkenden Unternehmen zu verbinden.

Anwendungen für e-Commerce sind Webshops, Onlineauktionen, Musikstreaming, Onlinespiele, Online-Reisebuchung bzw. Platzreservierung oder die Online-Steuererklärung.

Vorteile durch den Einsatz von e-Commerce:
- ✓ Angebot ist im Internet rund um die Uhr an allen Tagen verfügbar
- ✓ Geschäftsprozesse können automatisiert werden (dadurch hohe Kosteneinsparungen)
- ✓ bessere Kommunikation mit dem Kunden
- ✓ Steigerung der Kundenzufriedenheit
- ✓ neue Absatzmärkte zu den bereits bestehenden Absatzmärkten

Arten von e-Commerce:
- bei Business-to-Business (B-to-B oder B2B) wird der Handel zwischen Unternehmen komplett elektronisch über das Internet abgewickelt; dies bringt eine große Kostersparnis in den Bereichen Einkauf, Vertrieb, Logistik und Produktion
- bei Business-to-Customer (B-to-C oder B2C) wird der Handel zwischen Unternehmen und Privatkunden komplett elektronisch über das Internet abgewickelt

Telearbeit/Home-Office

Die Bürotätigkeit findet durch die Hilfe von Informations- und Kommunikationstechnik außerhalb des eigentlichen Büros statt.

Vorteile von Telearbeit/Home-Office	Nachteile von Telearbeit/Home-Office
✔ Steigerung der Produktivität ✔ längeres und effizienteres Arbeiten ✔ bessere Work-Life-Balance	✖ persönliche Kontaktverluste ✖ Vernachlässigung des Gesundheits- und Arbeitsschutzes ✖ höherer Koordinierungsbedarf

Tabelle 60: Vor- und Nachteile von Telearbeit/Home-Office

e-Recruiting

Eine spezielle Software zur Unterstützung bei der Personalbeschaffung.

Vorteile von e-Recruiting:
- ✔ Kostenersparnis und Verkürzung der Durchlaufzeiten
- ✔ Reduzierung des Aufwandes bei der Analyse der Bewerbungen
- ✔ bessere Vergleichbarkeit der Bewerber durch vorgefertigte Formulare
- ✔ Papierersparnis
- ✔ Bewerber können rund um die Uhr ihre Bewerbungen einreichen

Aufgaben von e-Recruiting:
- Suchfunktion
- Statistik
- Speicherung der Bewerberdaten
- Standardbenachrichtigung an Bewerber
- schnelle Verfügbarkeit

6.3.6 Einsatz

strukturierte Verkabelung

Wird ein neues Kommunikationsnetz in einem bzw. zwischen mehreren Gebäuden aufgebaut, sollte bereits bei der Planung auf eine flexible Verkabelung geachtet werden, da nachträgliche Änderungen unter Umständen teuer oder unmöglich sein können.

4 Bereiche der Infrastruktur eines lokalen Netzes:

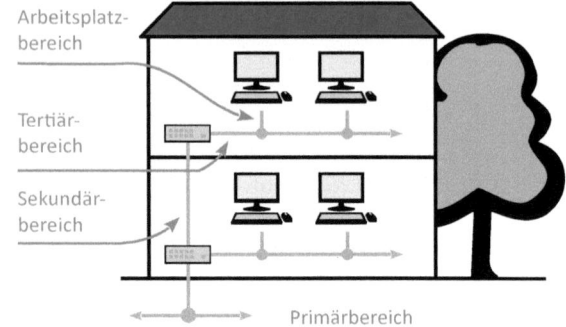

- Der Primär- oder Campusbereich verbindet einzelne Gebäude untereinander. Hier werden meist Glasfaserkabel verwendet.

- Der Sekundär- oder Steigbereich verbindet die einzelnen Etagen eines Gebäudes. Hier werden meist Glasfaserkabel, aber auch Kupferkabel verwendet.

- Der Tertiär- oder Horizontalbereich verbindet die Anschlusseinheiten (Wanddosen) mit dem Etagenverteiler (Switch). Hier werden meist Kupferkabel, in Ausnahmefällen auch Glasfaserkabel verwendet.

Abbildung 114: strukturierte Verkabelung

- Der Arbeitsplatzbereich verbindet die Endgeräte mit den Anschlusseinheiten. Hier werden meistens Patchkabel aus Kupfer, in Ausnahmefällen auch Glasfaserkabel verwendet.

drahtlose Netzwerke

Die Kommunikation zwischen zwei oder mehreren Teilnehmern findet über Funk statt und erweitert bestehende kabelgebundene Netzwerke über Access-Points.

Abbildung 115: Überblick über die drahtlosen Netzwerke

- **Bluetooth** ist ein drahtloser Gerätekommunikationsstandard mit einer Reichweite von max. 10 m und einer Übertragungsrate von max. 720 Kilobit/s
- **DECT-Standard** (Digital Enhanced Cordless Telephone Standard) ist ein Kommunikationstechnik zwischen einem schnurlosen Telefon und der Basisstation
- **WLAN** (wireless LAN) bzw. Wireless Fidelity (WiFi) ist ein von der IEEE (Institute of Electrical and Electronics Engineers) festgelegter Standard:
  - **IEEE 802.11 a**: drahtloser Gerätekommunikationsstandard mit 5 GHz und einer Übertragungsrate mit max. 54 Megabit/s
  - **IEEE 802.11 g/n**: drahtloser Gerätekommunikationsstandard mit 2,4 GHz und 30 bis 50 m Reichweite, die Übertragungsrate beträgt max. 300 Megabit/s

Vorteile von WLAN	Nachteile von WLAN
✓ nicht an den Arbeitsplatz gebunden ✓ neue Geräte können leicht ins Netzwerk eingebunden werden ✓ Beschäftigte sind mobiler	✗ hoher Aufwand für Datensicherheit ✗ muss verschlüsselt werden

Tabelle 61: Vor- und Nachteile von WLAN

Sicherheitseinstellungen für WLAN:
- ausreichende Verschlüsselung (z. B. WPA2)
- für Gäste einen eigenen Gastzugang einrichten
- MAC-Adressen-Filter aktivieren
- WLAN-Login zusätzlich mit einem Passwort versehen
- Firewallfunktion aktivieren

- **Richtfunk** ist eine direkte, in sich abgeschlossene Funkanbindung (zusätzliche Einwahl mobiler Benutzer ist nicht möglich) mit einer Reichweite von max. 30 km und einer Übertragungsrate von max. 50 Megabit/s

RFID

Mittels RFID (radio-frequency identification) werden anhand von kleinen Transpondern geringe Datenmengen gespeichert und mittels Radiowellen gelesen und geschrieben. Die Reichweite ist mit wenigen Metern sehr gering.

Anwendungsbeispiele von RFID:
- automatische Erfassung von Lagerware
- Zeiterfassung der Beschäftigten
- Zutritts- und Zugriffskontrollen

→ *siehe Fortsetzung der Anwendungsbeispiele von RFID auf der nächsten Seite*

- Positionsbestimmung (nur im Nahbereich)
- Bezahlmöglichkeit mittels NFC (near field communication)
- Identifizierung von Personen und Tieren
- Diebstahlschutz

6.3.7 Zugangsarten (Remote-Access)

Bietet Anwender einen Zugang auf ein Netzwerk bzw. Server oder Compu-
ter über das Internet. Beschäftigte haben so auch außerhalb des Unter-
nehmensnetzwerkes Zugriff auf Unternehmensdaten, Intranet oder E-
Mail-Nachrichten. Bevor eine Verbindung aufgebaut wird, muss sich jeder
Anwender mit Benutzername und Passwort authentifizieren.

- bei einem Fernzugriff per Direkteinwahl wird ein Zugang über alle öffentlichen Kommu-
  nikationsnetze mittels Wählverbindung zum Firmennetzwerk hergestellt
- bei einem Fernzugriff per VPN (Virtual Private Network) wird durch einen VPN-Tunnel ein
  sicherer Fernzugriff über das Internet hergestellt

Vorteile durch die Nutzung von VPN:
- beide Kommunikationseinrichtungen müssen nicht kompatibel sein
- ermöglicht Verbindungen über weite Entfernungen
- es entstehen nur die Internet-Verbindungskosten

Sicherheitskomponenten bei einem VPN:
- Authentifizierung (zur Benutzeridentität und Datenintegrität)
- Netzwerk-Zugriffskontrolle (sorgt dafür, dass die Benutzer nur auf bestimmte Daten
  Zugriff haben)
- Verschlüsselung (verschlüsselt die Daten und sie können nur von Schlüsselinhabern
  wieder entschlüsselt werden)

6.4 Datensicherheit (data security)

Soll Daten vor Verlust, Veränderung und unbefugtem Zugang schützen.

6.4.1 Passwörter

Ein Kennwort, das häufig mit einem Benutzernamen zusammen abgefragt wird, um einen berechtigten Zugriff auf Systeme oder Dateien zu bekommen.

Tipps für die Wahl eines sicheren Passwortes:
- ☑ je länger, desto schwieriger ist es zu erraten (min. 8 Zeichen, besser mehr)
- ☑ nicht zu leicht, aber auch nicht zu kompliziert (muss merkbar sein)
- ☑ Passwörter nicht an Dritte weitergeben
- ☑ sollte kontinuierlich gewechselt werden (bspw. alle 90 Tage)
- ☑ sollte aus Groß-/Kleinbuchstaben, Ziffern und Sonderzeichen bestehen

Anforderungen an ein System beim Einsatz von Passwörtern:
- alte Passwörter dürfen nicht oder erst später wieder erneut verwendet werden
- Anwender kann sein Passwort stets einfach wechseln
- falsche Passworteingaben sind begrenzt und werden aufgezeichnet (protokolliert)
- Passwörter dürfen nicht für Menschen lesbar dargestellt werden (weder am Bildschirm noch im System oder Datenbanken), sondern nur als Sternchen bzw. Punkte
- Passwörter müssen kontinuierlich gewechselt werden
- zu einfache Passwörter müssen abgelehnt werden (zu kurz, keine Groß-/Kleinbuchstaben, Ziffern, Sonderzeichen, einfache Wörter wie abcd oder 1234)

6.4.2 Firewall

Schützt das eigene Netzwerk vor Zugriffen von unberechtigten Benutzern. Dabei werden alle eingehenden Daten von der Firewall durch spezielle Zugangsberechtigungen und Dienste geprüft. Es wird nur das zugelassen, was auch ausdrücklich erlaubt wurde, alles andere wird blockiert.

Sicherheitsziele einer Firewall:
- ✓ schützt das eigene Netz vor Angriffen von außen und innen
- ✓ schützt Daten gegen unberechtigte Zugriffe und Veränderungen
- ✓ schützt vor Angriffen bei neuen Sicherheitslücken in Software und Betriebssystem
- ✓ verdeckt die eigene Netzwerkstruktur
- ✓ wehrt unberechtigte externe und interne Zugriffe ab

Voraussetzungen für den wirkungsvollen Schutz durch eine Firewall:

☑ alle Verbindungen müssen durch die Firewall gehen, es sind keine weiteren Verbindungsmöglichkeiten zulässig

☑ Anwender müssen umfassend informiert werden

☑ benötigt qualifiziertes Personal für den Betrieb und Administration (Verwaltung)

☑ soll die eigentliche Arbeit der Anwender nicht behindern

Komponenten für eine Firewall:

• Application Gateway: Rechner, der Anwendungsinformationen filtert und Verbindungen erlaubt oder verbietet

• Paket-Filter: Rechner mit spezieller Software, diese filtert die Datenpakete

• Personal Firewall: Firewall-Software, die auf lokalen Rechnern/Notebooks installiert ist

6.4.3 Verschlüsselung (Kryptographie)

Ein Verfahren, das Daten vor unbefugten Zugriffen schützt. Verschlüsselte Daten werden dabei so abgespeichert, dass sie für Unbefugte unbrauchbar erscheinen. Befugte können jedoch diese Daten ohne Nachteile wieder benutzen.

Verschlüsselungsverfahren			
symmetrische Verschlüsselung	asymmetrische Verschlüsselung	hybride Verschlüsselung	qualifizierte elektronische Signatur

Abbildung 116: Überblick über die Verschlüsselungsverfahren

symmetrische Verschlüsselung

Die Daten werden mit dem gleichen Schlüssel ver- und entschlüsselt. Jeder, der Daten ver- und entschlüsselt, muss diesen Schlüssel (Secret-Key) kennen. Da es nur einen Schlüssel gibt, ist das Verschlüsselungsverfahren sehr schnell. Gefahr entsteht, wenn der Schlüssel in falsche Hände gerät, da dann alle Daten entschlüsselt werden können.

Abbildung 117: symmetrische Verschlüsselung

asymmetrische Verschlüsselung

Die Daten werden mit zwei unterschiedlichen Schlüsseln ver- und entschlüsselt. Verschlüsselt wird über den öffentlichen Schlüssel (Public-Key), zu dem jeder Zugriff haben kann. Entschlüsselt wird über den privaten Schlüssel (Private-Key), über den nur der berechtigte Empfänger verfügt. Dieses Verschlüsselungsverfahren ist langsam, jedoch sicher.

Abbildung 118: asymmetrische Verschlüsselung

hybride Verschlüsselung

Sie vereint den Vorteil der symmetrischen Verschlüsselung (Schnelligkeit) mit dem Vorteil der asymmetrischen Verschlüsselung (Sicherheit). Dazu wird ein symmetrischer Schlüssel erstellt (Session-Key), der die Daten symmetrisch verschlüsselt. Dieser Session-Key wird asymmetrisch mit dem öffentlichen Schlüssel des Empfängers verschlüsselt und an ihn versendet. Alles weitere wird dann nur noch symmetrisch verschlüsselt.

qualifizierte elektronische Signatur

Sie ist einer rechtsverbindlichen, handschriftlichen Unterschrift gleichgestellt.

Voraussetzungen für die Rechtsverbindlichkeit:
- ☑ sicherstellen, dass der Absender selbst unterschrieben hat (Echtheit des Absenders = Authentizität)
- ☑ Dokument kann nach dem Versenden nicht mehr geändert werden (Unverfälschtheit des Inhaltes = Integrität)

Der Absender erzeugt zu einem elektronischen Dokument mittels mathematischem Algorithmus einen Hash-Wert (ein durch Zufall ermittelter Prüfwert, basierend auf dem aktuellen Dokument). Dieser wird asymmetrisch über den Private-Key des Absenders verschlüsselt. Der Empfänger entschlüsselt über den Public-Key des Absenders die Nachricht, ermittelt erneut einen Hash-Wert und vergleicht seinen mit den vom Absender mitgeschickten Hash-Wert. Sind sie nicht gleich, wurde das Dokument verfälscht.

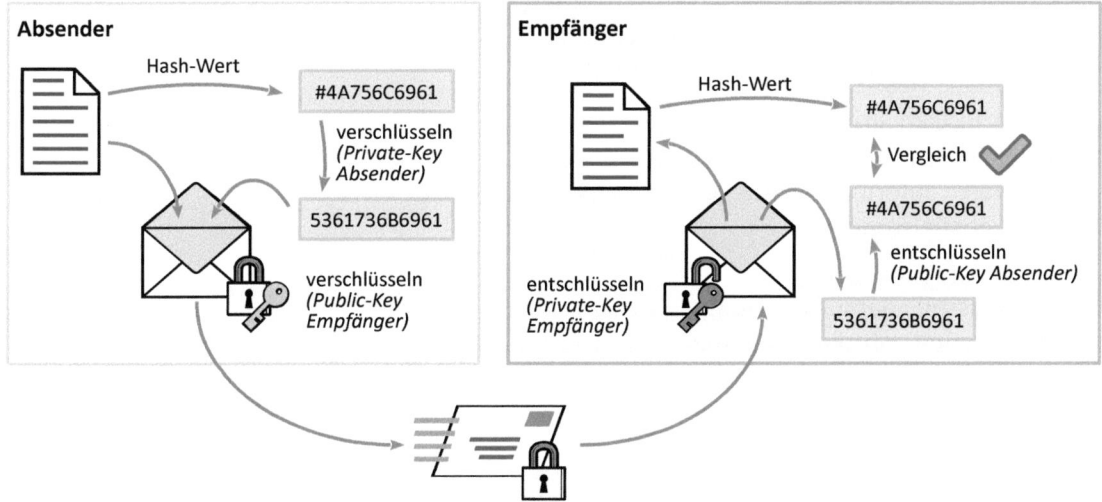

Abbildung 119: Ablauf der qualifizierten elektronischen Signatur

6.4.4 Risiken in der Informationstechnik

Risikoarten	Merkmale
Bedrohung der Authentizität (Echtheit)	durch das Vortäuschen einer anderen Identität als der wirklich vorhandenen
Bedrohung der Integrität (Inhalt)	durch Veränderung der Systeme, sodass die eigentliche Funktion nicht mehr gegeben ist, bspw. durch unerwünschte Funktionen oder Datenverfälschungen
Bedrohung der Verfügbarkeit	durch Ausfall aufgrund von Verlusten oder Defekten von Systemen oder Daten
Bedrohung der Vertraulichkeit	Daten können von Unbefugten gelesen oder verändert werden
Risiken durch menschliches Einwirken	entstehen durch den Anwender selbst, z. B. aufgrund mangelndem Sicherheitsbewusstsein (Weitergabe von Passwörtern), Nachlässigkeit (bei Abwesenheit trotzdem angemeldet) oder Unaufmerksamkeit (ungewolltes Löschen von Daten)
Risiken ohne menschliches Einwirken	wirken sich auf die Hardware aus, z. B. technische Defekte oder Defekte durch äußere Einflüsse wie Hitze, Feuchtigkeit, Staub oder Erschütterungen

Tabelle 62: Risikoarten in der Informationstechnik

Risikosteuerung

1. Erkennen: Das Erkennen von neuen Risiken erfordert häufig die Hilfe von Fachwissen aus externen Informationsquellen und Dienstleistungen.

2. Analyse: Alle festgestellten Risiken müssen daraufhin analysiert werden, ob diese für das vorhandene System gefährlich

Abbildung 120: Risikosteuerung des Risikomanagements

werden. Wichtig sind dabei die Eintrittswahrscheinlichkeit und die Höhe des möglichen Schadens.

3. Kommunikation: Wurden Risiken erkannt, müssen die Betroffenen darüber informiert und über geeignete Gegenmaßnahmen unterwiesen werden.

4. Überwachen: Die Risiken müssen weiterhin überwacht werden, um zu vermeiden, dass aus einem erkannten Risiko wirklich ein Schaden wird.

6.5 Datensicherung (Backup)

Sie soll alle wichtigen Daten vor einem Datenverlust bewahren. Es können Risiken entstehen, z. B. durch Datenträgerverlust, unbeabsichtigtes Löschen oder Überschreiben, Viren, technische Defekte oder äußere Umwelteinflüsse. Durch eine Datensicherung soll im Falle eines Datenverlustes der vorherige Datenstand wiederhergestellt werden.

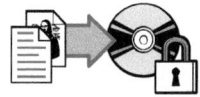

Ziele der Datensicherung:
- ✓ anfertigen von Sicherungskopien aller wichtigen Daten
- ✓ lagern dieser Sicherungskopien an einem gefahrlosen Ort

6.5.1 Backup-Verfahren

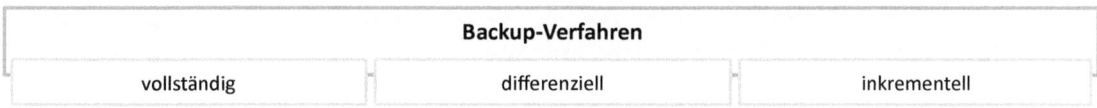

Backup-Verfahren		
vollständig	differenziell	inkrementell

Abbildung 121: Überblick über die Backup-Verfahren

- Bei einem **vollständigen Backup** wird der komplette Datenbestand gesichert. Die Sicherung dauert lange und benötigt viel Speicherplatz. Zum Wiederherstellen muss nur das letzte Backup verwendet werden.

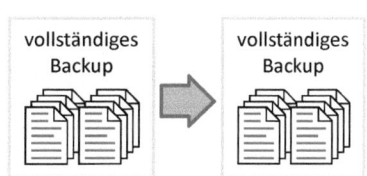

Abbildung 122: vollständiges Backup

- Bei einem **differenziellen Backup** werden nur die Daten gesichert, die nach dem letzten vollständigen Backup geändert oder erstellt wurden. Dadurch geht die Sicherung wesentlich schneller. Zum Wiederherstellen muss das letzte vollständige und das letzte differenzielle Backup verwendet werden.

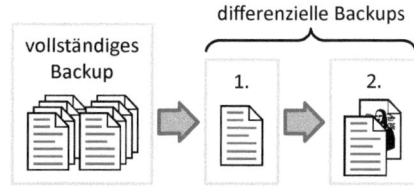

Abbildung 123: differenzielles Backup

- Bei einem **inkrementellen Backup** werden nur die Daten gesichert, die nach dem letzten inkrementellen Backup geändert oder erstellt wurden. Dadurch geht die Sicherung sehr schnell. Zum Wiederherstellen muss das letzte vollständige Backup und alle inkrementellen Backups in der richtigen Reihenfolge verwendet werden.

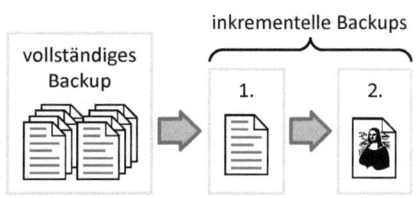

Abbildung 124: inkrementelles Backup

Generationsprinzip (»Großvater-Vater-Sohn-Prinzip«)

dreistufiges Backup-Verfahren, bei dem die Daten in gleichbleibenden Abständen gesichert werden:

- *Sohn-Generation: aktuelle Daten werden täglich als Backup (inkrementell oder differenziell) gesichert*
- *Vater-Generation: vollständiges Backup am Wochenende (Wochensicherung)*
- *Großvater-Generation: vollständiges Backup am letzten Tag des Monats (Monatssicherung)*

6.5.2 Datensicherungskonzept

Um ein wirksames Konzept zu erstellen, müssen folgende Fragen geklärt werden:

☑ Wann und in welchen Intervallen wird gesichert?
☑ Welche Daten werden gesichert?
☑ Welche Speichermedien sollen verwendet werden?
☑ Welches Verfahren soll angewendet werden?
☑ Wer ist für die Datensicherung verantwortlich?
☑ Wie hoch sind die Reaktionszeiten, falls die Sicherung benötigt wird?
☑ Wo und wie werden die Sicherungen aufbewahrt?

6.5.3 Sicherheitstechnik

RAID (Redundant Array of independent Drives)

Mehrere einzelne Festplatten werden zu einem Verbund zusammengefasst. Dadurch steigert sich die Leistung und/oder die Ausfallsicherheit.

RAID-Level				
RAID 0	**RAID 1**	**RAID 3 und 4**	**RAID 5**	**kombinierte RAID-Level**
Daten teilen	*Daten spiegeln*	*Daten teilen mit separaten Paritätsdaten*	*Daten teilen mit verteilten Paritätsdaten*	*z. B. RAID 10 aus RAID 1 und RAID 0*

Abbildung 125: Überblick über die RAID-Level

HINWEIS
Ein RAID-System reicht alleine nie als Datensicherung aus, da das System immer aktiv ist. Ein Datensicherungssystem muss nach erfolgreicher Sicherung vom aktiven Netz genommen werden können.

- **RAID 0 – Daten teilen (Data Striping)**: Die Daten werden gesplittet und auf mehreren Festplatten abgespeichert. Das Lesen und Schreiben der Daten geht dadurch sehr schnell. Bei Ausfall einer Festplatte sind die Daten jedoch verloren.

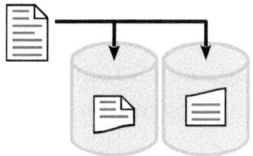

Abbildung 126: RAID 0

- **RAID 1 – Daten spiegeln (Disk Mirroring)**: Die Daten werden parallel auf zwei Festplatten abgespeichert. Beim Ausfall einer Festplatte sind die Daten noch auf der zweiten vorhanden.

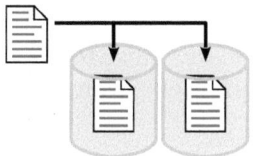

Abbildung 127: RAID 1

- **RAID 3 und 4 – Daten teilen mit separaten Paritätsdaten**: Die Daten werden gesplittet und jeder Teil auf einer anderen Festplatte abgespeichert (wie RAID 0). Das Lesen und Schreiben der Daten geht dadurch sehr schnell. Die Paritätsdaten (Prüfsumme zur Kontrolle auf fehlerhaft übertragenen Daten) werden auf einer weiteren Festplatte gespeichert, durch die bei einem Ausfall einer Festplatte alle Daten wiederhergestellt werden können.

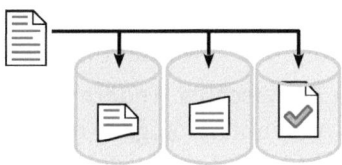

Abbildung 128: RAID 3 und 4

- **RAID 5 – Daten teilen mit verteilten Paritätsdaten**: Die Daten werden gesplittet und jeder Teil auf einer anderen Festplatte abgespeichert (wie RAID 0). Das Lesen und Schreiben der Daten geht dadurch sehr schnell. Die Paritätsdaten (Prüfsumme zur Kontrolle auf fehlerhaft übertragenen Daten) werden gleichmäßig auf allen Festplatten gespeichert.

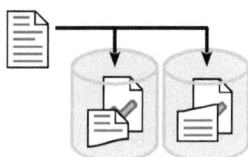

Abbildung 129: RAID 5

- **kombinierte RAID-Level**: Durch Kombination mehrerer RAID-Level können die Vorteile der einzelnen RAID-Level gemeinsam verwendet werden (mehr Leistung und Ausfallsicherheit). Bei **RAID 10** (bestehend aus RAID 1 und RAID 0) werden die Daten gesplittet und jeder Teil auf mehreren Festplatten gespiegelt abgespeichert. Das Lesen und Schreiben der Daten geht dadurch sehr schnell. Bei Ausfall einer Festplatte sind die Daten noch auf der anderen gespiegelten Festplatte vorhanden.

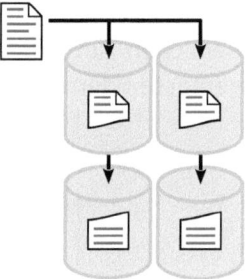

Abbildung 130: RAID 10

Absicherung der Stromversorgung

Risiken aus der Stromversorgung bewirken einen Ausfall (durch Stromausfälle) oder die Zerstörung des Systems bzw. von Komponenten (bei Überspannung):

- Überspannungen (zu hohe Spannungen) lassen sich durch entsprechende Netzfilter minimieren
- Unterspannungen (zu geringe Spannungen) und Stromausfälle lassen sich durch unterbrechungsfreie Stromversorgungen (USV) überbrücken

bauliche Schutzmaßnahmen

Verhindern wirksam viele Risiken:

- Brandschutz (Feuermelder und -löschanlagen)
- geschützter Zugang nur für Berechtigte, z. B. durch entsprechende Chipkarte
- Überwachungsanlagen
- verstärkte Türen und Fenster (am Besten sind Räume ohne Fenster)

6.6 Datenschutz (data privacy)

Alle gesetzlichen Vorschriften, die die Persönlichkeit eines Menschen vor den Risiken beim Umgang mit personenbezogenen Daten schützen sollen.

6.6.1 Schutzstufenkonzept

Die erforderlichen Maßnahmen zum Schutz von personenbezogenen Daten bedeuten oft einen erheblichen Aufwand. Der Gesetzgeber verlangt daher, dass der entstehende Aufwand angemessen dem Schutzzweck entsprechen soll.

Schutzstufen	Merkmale
Schutzstufe A	personenbezogene Daten, die frei zugänglich sind (Einsicht ohne berechtigtes Interesse) → z. B. Adressbücher, Mitgliederverzeichnisse
Schutzstufe B	personenbezogene Daten, deren unsachgemäße Handhabung den Betroffenen nicht beeinträchtigt (Einsicht nur mit berechtigtem Interesse) → beschränkt zugängliche öffentliche Dateien, Unterlagenverteiler

→ siehe Fortsetzung der Schutzstufen auf der nächsten Seite

Schutzstufen	Merkmale
Schutzstufe C	personenbezogene Daten, deren unsachgemäße Handhabung den Betroffenen in seinem Ansehen beeinträchtigt → Familienstand, Geburtsdaten, Religion, Ordnungswidrigkeiten
Schutzstufe D	personenbezogene Daten, deren unsachgemäße Handhabung den Betroffenen in seiner Existenz erheblich beeinträchtigt → Unterbringung in Anstalten, Straffälligkeit, Schulden, Konkurse
Schutzstufe E	personenbezogene Daten, deren unsachgemäße Handhabung den Betroffenen in seiner Gesundheit, Leben oder Freiheit beeinträchtigt → Daten über Personen, die Opfer einer strafbaren Handlung sind

Tabelle 63: Schutzstufenkonzept mit 5 Stufen (A bis E)

6.6.2 Bundesdatenschutzgesetz

Das am 30.06.2017 geänderte Bundesdatenschutzgesetz (BDSG) gewährt den Bürgern mehr Sicherheit bei der privatwirtschaftlichen Datenverarbeitung. Unternehmen dürfen zukünftig Kundendaten nicht mehr zu Werbezwecken und Markt- und Meinungsforschung weitergeben. Durch das BDSG sind alle personenbezogenen Daten einer natürlichen Person (z. B. Geburtsdatum, Religionszugehörigkeit) geschützt, nicht geschützt sind dagegen die Daten von juristischen Personen (z. B. einer GmbH).

Begriffsbestimmungen

Das Bundesdatenschutzgesetz definiert im § 46 genauer die Verwendung von personenbezogenen Daten.

Begriffe	Bedeutung
Anonymisieren	unkenntlich machen von personenbezogenen Daten, sodass die betroffene Person nicht mehr identifiziert werden kann
automatisierte Verarbeitung	erheben, verarbeiten oder nutzen von personenbezogenen Daten mittels Datenverarbeitungsanlagen
Datenerhebung	beschaffen von personenbezogenen Daten
Datennutzen	verwenden von personenbezogenen Daten, aber noch keine Verarbeitung (z. B. Einsicht zur Information)
Datenverarbeitung	speichern, verändern, übermitteln, sperren oder löschen von personenbezogenen Daten

Tabelle 64: Begriffe des Bundesdatenschutzgesetzes

Datenschutzbeauftragter

Kann ein externer Sachverständiger oder ein interner Mitarbeiter mit entsprechender Fachkunde und Zuverlässigkeit sein und ist in Unternehmen vorgeschrieben, in denen mehr als 9 Personen regelmäßig mit personenbezogenen Daten in IT-Systemen arbeiten.

Aufgaben eines Datenschutzbeauftragten (§ 7 BDSG):
• Schulung der Beschäftigten
• Beratung der Geschäftsleitung
• Prüfen der Zulässigkeit der Erhebung, Speicherung und Löschung von Daten
• Information an Geschäftsleitung bei Änderungen des BDSG

Rechte eines Datenschutzbeauftragten:
• Recht auf Einsicht
• weisungsfrei
• direkt der Geschäftsleitung unterstellt

Kontrollmaßnahmen

Das Bundesdatenschutzgesetz schreibt im § 64 verschiedene Maßnahmen vor, die bei der Verarbeitung von personenbezogenen Daten zu treffen sind:

• die Eingabekontrolle umfasst alle Maßnahmen, um jederzeit überprüfen und feststellen zu können, ob und wer personenbezogene Daten eingegeben, verändert oder gelöscht hat, z. B. über eine Protokollierung

• die Verarbeitungskontrolle umfasst alle Maßnahmen, um sicherzustellen, dass Daten, die zu unterschiedlichen Zwecken erhoben wurden, auch getrennt verarbeitet werden können

• die Verfügbarkeitskontrolle umfasst alle Maßnahmen, um personenbezogene Daten gegen zufällige Vernichtung oder Verluste zu schützten

• die Weitergabekontrolle umfasst alle Maßnahmen, um personenbezogene Daten bei der Übertragung zu schützen, damit Unbefugte sie nicht verarbeiten können und dass überprüft werden kann, an welche Stellen eine Übermittlung geplant ist

• die Zugangskontrolle umfasst alle Maßnahmen, um nur Berechtigten den Zugang zu Datenverarbeitungssystemen zu erlauben, z. B. über passwortgeschützte Anmeldung

• die Zugriffskontrolle umfasst alle Maßnahmen, um zu gewährleisten, dass Berechtigte nur auf die ihrer Zugriffsberechtigung unterliegenden Daten zugreifen können, z. B. mittels Rechtevergabe bei Benutzer

• die Zutrittskontrolle umfasst alle Maßnahmen, um nur Berechtigten den Zutritt zu Datenverarbeitungsanlagen zu erlauben, z. B. über eine Schließanlage zum Serverraum

Rechte der Betroffenen

Die im Bundesdatenschutzgesetz verankerten Rechte können nicht durch Vertragsklauseln ausgeschlossen bzw. eingeschränkt werden:

- Recht auf Auskunft (§ 57 BDSG): Betroffene können Auskunft zur Kontrolle der Richtigkeit sowie zur Herkunft, zum Empfänger und Zweck der gespeicherten, personenbezogenen Daten verlangen
- Recht auf Benachrichtigung (§ 56 BDSG): Betroffene müssen über die Speicherung und Übermittlung der gespeicherten, personenbezogenen Daten informiert werden
- Recht auf Berichtigung (§ 58 BDSG): falsche personenbezogene Daten müssen korrigiert werden
- Recht auf Löschung (§ 58 BDSG): personenbezogene Daten sind zu löschen, wenn eine Speicherung unzulässig ist oder die Daten nicht mehr benötigt werden
- Recht auf Schadensersatz (§ 83 BDSG): wird einem Betroffenen durch unzulässige oder falsche Handhabung seiner personenbezogenen Daten einen Schaden zugefügt, so muss die entsprechende Stelle Schadensersatz leisten
- Recht auf Sperrung (§ 58 BDSG): personenbezogene Daten sind zu sperren, wenn die Richtigkeit vom Betroffenen bestritten wird

6.6.3 *Datenschutz-Grundverordnung*

Die Datenschutz-Grundverordnung (DSGVO) ist eine Verordnung, um die Regeln zur Verarbeitung personenbezogener Daten durch private Unternehmen und öffentliche Stellen in der Europäischen Union zu vereinheitlichen. Sie trat am 25.05.2018 in allen EU-Mitgliedstaaten in Kraft. Dadurch soll der Schutz personenbezogener Daten innerhalb der Europäischen Union sichergestellt und der freie Datenverkehr innerhalb des Europäischen Binnenmarktes gewährleistet werden.

Viele Bereiche des Datenschutzes werden durch die DSGVO jedoch nicht neu geregelt, sondern nur vereinheitlicht. Die Mitgliedstaaten dürfen dabei den von der Verordnung festgeschriebenen Datenschutz nicht durch eigene nationale Regelungen abschwächen oder verstärken.

ABKÜRZUNGSVERZEICHNIS

STICHWORTVERZEICHNIS